CLOTILDE
DE LUSIGNAN,
OU
LE BEAU JUIF.

CLOTILDE

DE LUSIGNAN,

OU

LE BEAU JUIF;

MANUSCRIT TROUVÉ DANS LES ARCHIVES DE PROVENCE

ET PUBLIÉ

PAR LORD R'HOONE.

> La femme, entre les biens,
> En est un, si plein de muance,
> Qu'on ne saurait, par trop de soins,
> S'assurer sa constance.
> (LA FONTAINE. *Contes.*)

TOME QUATRIÈME.

PARIS,
HUBERT, LIBRAIRE, PALAIS-ROYAL,
seconde galerie de bois, n°. 222.

1822.

PROLOGUE

DE LA QUATRIÈME PARTIE.

HÉLAS ! où m'entraîne la folle de la maison ! Dis-moi, brillante déité chantée par Delille, dans quel labyrinthe m'as-tu fourvoyé ? Suis-je Dédale pour en sortir ! ai-je les ailes du génie ?

O burlesque imagination ! au lieu de t'enchaîner à d'utiles et de nobles travaux, je t'ai laissée courir et tracer des arabesques, de même qu'un jeune peintre qui barbouille les murs de son atelier de grotesques figures, au lieu de faire le tableau de réception qui doit le rendre digne de ses maîtres.

Dis-moi, tu avais bien besoin de

me faire parler de ces Camaldules, que je ne connais ni d'Eve ni d'Adam ? Ne sais-tu pas que c'est un moyen usé, de donner, pour cadre à de pareils tableaux, les manuscrits des prêtres. Tu m'exposes à la critique amère des ignorans comme des sages.

Mais mon plus grand reproche, le voici : Pourquoi m'avoir présenté tant de douceurs d'amour? Veux-tu me faire mourir de chagrin, en offrant à mon désespoir tout ce que je désire et tout ce qui me fuit?

Tu me rendras semblable au soldat français qui, succombant à la fatigue, à la soif, apercevait, au milieu des sables brûlans de l'Egypte, des ruisseaux limpides et des ombrages frais produits par le *mirage*.

Si je ressemble en tout aux vieux soldats, ils m'ont dit qu'à la fin on trouvait une eau saumâtre qu'ils absorbaient avec ardeur.

Que veux-tu que je fasse de ce juif et de cette princesse?.... Je suis malheureux!.... ils le seront. Je ne peux peindre que ce que je ressens.

CLOTILDE

DE

LUSIGNAN.

CHAPITRE XXV.

Justum et tenacem propositi virum, etc.
(HORACE.)

Un homme juste et ferme en ses desseins n'est point épouvanté des menaces, et les tourmens ne peuvent rien sur son âme.
(*Trad. libre.*)

Amen, dico vobis, quia unus vestrùm me traditurus est.
(EVANG. sec. Matt., ch. XXVI, ỳ 21.)

Il est donc vrai qu'un de vous doit me trahir.
(*Trad. libre.*)

Auprès des ruines habite le silence.
(Le comte MAXIME ODIN.)

LE spectacle que nous offre le château de Casin-Grandes, a une ressemblance frappante avec la vie sociale, où le bonheur des uns fait le malheur des autres. Le monde, comme en ce moment les habitans de notre château, n'est divisé qu'en deux classes : celle des heureux, celle des infortunés; régies par la force et le hasard, on les retrouve dans tout. C'est une des conditions de la nature des choses, l'univers se présente partout avec des inégalités qu'il est impossible d'effacer, et jamais il n'y aura d'ordre social régulier par suite du pouvoir qui agit sur la nature... Je ne veux pas m'expliquer davantage; en effet, un traité de philosophie est fort inutile au commencement de la quatrième partie d'une histoire aussi véridique... On sent que la Philosophie, l'Histoire et la Vérité ont trop de différences dans les humeurs pour cheminer ensemble ? elles n'ont jamais fait trois pas sans se brouiller. Et j'ai assez d'occupation à conduire, dans mon ouvrage, deux de ces pucelles divines si souvent violées, sans aller m'amuser à faire des préambules : si même celui-ci fâche quelque lecteur ?... qu'il le dise, je déclare que je le retrancherai.....

A l'aspect des richesses accumulées dans les cours, le Mécréant était au comble de la joie ; il se voyait, en idée, à la tête d'une nombreuse armée et entrant dans le royaume qu'il avait toujours dessein de conquérir !... Patience, patience !..... vous n'y êtes pas encore M. le Mécréant ! il existe un certain vieillard qui rôde dans la contrée et... je m'arrête, qu'allais-je dire ?...

Certes, il fallait toute l'habileté de Michel l'Ange, pour empêcher Enguerry de partir de Casin-Grandes avec tous les trésors, et pour le maintenir dans le but réel de l'expédition présente, qui était la prise du roi de Chypre et de sa fille.

-- Allons mon compère, disait

l'Italien au Mécréant qui, du haut du perron où nous l'avons laissé, regardait complaisamment ses soldats apporter avec activité tout ce qu'ils trouvaient de riche et de précieux ; allons mon compère dépêchons-nous ?..... Le jour va venir, et vous savez que les démons n'opèrent que pendant la nuit.

— Eh mon féal, répondit Enguerry, que veux-tu dire ?... regarde, ventre mahom, je te tiens quitte de ma part..... car je me trouve satisfait !...

— Mais, le suis-je moi ?... s'écria l'Ange avec hauteur.

— Mille pannerées de diables...

voudrais-tu me faire la loi, répliqua Enguerry du même ton ?

—Et par la mort que nous avons tenue ensemble sur les fonts, quand l'enfer la baptisa, allons-nous nous fâcher?... répondit le Vénitien, s'adoucissant et reprenant son expression de joie habituelle, si nous avons là dix millions, continua-t-il, découvrons le roi de Chypre et sa fille, il y en aura douze; abondance de bien ne nuit pas.

Sur cette sage observation, ces deux grands sénéchaux de l'enfer montèrent par le bel escalier de marbre et suivis d'une compagnie de soldats ils se mirent à visiter le pavillon de Hugues, avec la plus scrupuleuse exatitude. Le Vénitien fesait arracher les boiseries, sonder les colonnes, les murs et les planchers, afin de trouver les issues secrètes. En voyant que toutes ses recherches étaient vaines, Michel l'Ange cessa les plaisanteries par lesquelles il animait les soldats.

Du pavillon de Hugues, ils passèrent dans l'aile de Mélusine, c'est-à-dire dans le corps de logis qui longeait la Coquette ; mais leurs perquisitions n'eurent point de résultat, et l'Italien jura comme trois païens. Enfin, il entra dans une colère simple, puis dans une colère double, après s'être assuré que l'aile des Lusignans qui était parallèle à celle de Mélusine et l'aile Ducale qui séparait les deux cours, ne contenaient point le prince et sa fille.

Les pauvres prisonniers, témoins de ces recherches, concentraient leur chagrin; mais à chaque fois qu'ils virent sortir les brigands, sans que le prince fût découvert, ils firent éclater leur joie par des regards qu'ils se lancèrent mutuellement et par des mouvemens qu'ils tâchèrent de dérober à leurs gardes farouches.

Il ne restait plus à visiter que l'aile Montreuil, c'est-à-dire la façade; elle était ainsi nommée parce que ce fut le fils de ce célèbre architecte qui construisit Casin-Grandes, et qui, par un sentiment de piété filiale, appela ce corps de logis du nom de son père, comme pour l'associer à ses travaux.

Le Mécréant, Michel l'Ange, et leurs satellites, eurent bientôt parcouru ce bâtiment, scruté chaque coin, fouillé chaque mur, sondé chaque plancher; et leur fureur fut sans égale en voyant que le prince et sa fille avaient échappé à toutes leurs précautions.

Les deux amis se regardèrent un moment comme pour se consulter.

—Emportons toujours le butin?

dit le prudent Enguerry qui ne cessait de lorgner les trésors.

—Par S. Marc, s'écria l'Italien, il ne sortira rien d'ici sans que nous ayons le prince, ou je mets le feu au château.

—Mais si c'est impossible, mon féal? répondit le Mécréant, qui ne partageait pas la rage et les intérêts de l'envoyé de Venise.

—Je m'en moque !... s'écria ce dernier avec l'accent de la fureur. Eh quoi, moi Michel l'Ange, au milieu d'une carrière dans laquelle je n'ai jamais bronché, je me verrais déshonoré par une expédition qui n'aurait pas embarrassé le moindre clerc!... A moi l'enfer ?...

à moi les diables?... Eh bien, me suivrez-vous, dit-il aux soldats étonnés de sa rage.

Ce fut ainsi qu'ils arrivèrent devant les prisonniers; alors, le jour commençait à poindre dans les cieux.

—Eh bien, que prétends-tu faire? dit le Mécréant à l'Italien.

— Par la queue du lion de St.-Marc, ce que je prétends!... tu vas le voir... Or çà, gens de bien, s'écria-t-il en s'adressant aux prisonniers, écoutez-moi? j'y vais bon jeu, bon argent, car je me damne presque pour la très-sérénissime république, et ce que je vais vous promettre est aussi certain que ma naissance. Mes amis très-chers, vous m'avez dit que le roi Jean II et sa fille n'étaient pas morts; il est donc clair que vous les avez dérobés à la juste vengeance du sénat en les cachant... A ce mot tous les yeux se tournèrent sur Castriot.

— Or, continua Michel l'Ange, je vous déclare en bon français que notre bon plaisir est de vous faire appliquer à la question ordinaire et extraordinaire, jusqu'à ce que l'un de vous ait avoué la retraite du prince et de Clotilde... Voyez si vous voulez vous épargner les tourmens?...

Les Casin-Grandésiens eurent le courage de répondre par un

morne silence, et Monestan se mit en prières.

— Eh bien, reprit Enguerry, nous allons mettre les fers au feu.

Michel l'Ange tournait autour des prisonniers, pour choisir le premier martyr de la légende Casin-Grandésiaque, et le malheur voulut que Bombans s'offrît à sa vue; sur un signe du Vénitien, un soudard saisit le pauvre intendant, qui s'écria : « J'avais bien dit qu'il m'arriverait malheur. »

— Courage, maître Bombans, lui cria Monestan.

— Monseigneur, j'en ai une bonne dose, aussi est-ce bien dommage que cela ne puisse pas se vendre. Josette se mit à pleurer.

On amena Hercule Bombans devant Michel l'Ange, Enguerry et Nicol.

— Arrachez-lui les ongles un à un ? dit froidement l'Italien, il n'y perdra rien, car cela repousse. La foule se serra de terreur.

— Monsieur le diable, observa Bombans, permettez-moi de dire un dernier mot à ma fille ? Sur un mouvement de tête du triumvirat, l'on reconduisit l'intendant vers Josette qui sanglottait.

— Mon enfant, murmura l'avare, si je péris, souviens toi d'aller à Aix, chez le Juif Nathaniel, avec cette reconnaissance. Alors il tira de la doublure de son haut-de-chausse un papier plié en quatre et soigneusement enveloppé dans un petit morceau de cuir, et il le remit à sa fille sans que personne s'en aperçut.

— Tiens ma Josette, continua-t-il en suivant des yeux la précieuse reconnaissance, ménage mon bien? ne le prodigue pas? amasse, amasse!... adieu! et il l'embrassa.

L'intendant fut ramené devant les trois commandans, et un soldat dont le cœur était sans doute pétrifié, lui arracha tous ses ongles, non pas brusquement, et avec une cruelle pitié, mais en variant à chaque fois cette douloureuse extraction. Je dois dire que si le courageux Bombans versa des larmes, ce fut plutôt la plainte du corps accablé que celle d'une âme pusillanime.

— Courage, lui cria le prélat, vous irez au paradis.

— Y aurai-je mon argent? demanda Bombans.

— Oui, répondit Kéfalein. Cette idée parut jeter du baume sur les plaies du patient.

— Déclare où est ton maître, lui dit l'Italien.

— Je n'ai de maître que dans le ciel, répliqua l'intendant.

— Ah tu railles! s'écria Enguerry, qu'on lui serre les pouces!...

Alors, les deux bourreaux joignirent ensemble les deux pouces de l'intendant et les insérant dans les nœuds d'une grosse corde, ils en tirèrent les deux bouts de toutes leurs forces; le sang teignit la corde, et Bombans sua à grosses gouttes en fesant des contorsions qui excitèrent le rire des brigands et de l'Innocente.

— Voilà ce que c'est que de voler le bien d'autrui, disait Marie, rends-moi ma chaîne d'or, vieux cancre? Au mot de rendre, Bombans indiqua, par une grimace, que sa vie et ses souffrances n'étaient rien auprès de ses trésors.

—Avoueras-tu, redemanda Michel, car si tu souffres c'est que tu le veux bien!...

— Je ne pourrai plus compter d'argent, s'écria l'intendant, en voyant ses deux pouces totalement écrasés ; mais, à brebis tondue Dieu mesure le vent.

Sur un signe de Michel l'Ange on serra les deux index sanglans de l'héroïque Bombans, et les soldats les réduisirent à la stricte épaisseur d'une feuille de papier.

Lorsqu'on eut ainsi pressé successivement tous les doigts du patient sans qu'il eut dit un mot, il s'écria : « Je ne pourrai plus écrire, tenir mes registres, rendre mes comptes, adieu ma probité!...»

— Scélérat, reprit Enguerry, dis-nous où est ton prince.

— Je n'en sais rien.

Sur cette réponse, le terrible Mécréant ordonna à ses soldats de faire boire le pauvre intendant. Les deux bourreaux le couchèrent par terre, lui mirent un entonnoir dans la bouche, et on lui passa neuf pintes d'eau sans tenir compte de ses horribles souffrances : seulement avant de verser chaque pinte, le Mécréant demandait à Bombans par un signe, s'il voulait avouer ce qu'il ne savait réellement pas, et l'intendant indiquait par un geste qu'il ne pouvait rien dire. Bientôt la pâleur de Bombans annonça qu'il allait périr.

— Arrêtez, arrêtez, cria Michel l'Ange, c'est un de mes amis, faites-le souffrir, mais ne le tuez pas.

— Eh pourquoi? demanda le Mécréant.

— Par S. Janvier!... c'est un intendant, partant il est riche, il nous paiera rançon, et corbleu, il en sera quitte pour cent mille francs puisqu'il est de mes amis.

A ces sages paroles, on releva Bombans à moitié mort et on le transporta au milieu du groupe des captifs effrayés : là, sa première parole fut : « On a parlé de cent mille francs, je crois ?... »

— Le prince et l'éternel, lui dit

Monestan, vous récompenseront de ce martyre.

— Pourvu que ce soit en argent comptant! répondit Bombans.

Josette prit sur son sein la tête de son père, elle essuya la sueur de son visage, le couvrit de baisers, et déchira sa robe pour panser ses blessures.

— Ma fille, dit l'avare à voix basse, rends-moi la reconnaissance de Nathaniel ?... vois-tu, il pourrait t'arriver malheur....

Le Vénitien désespéré, cherchait quelqu'autre victime plus faible, qui put trahir le secret de la retraite du prince, que ces pauvres prisonniers ignoraient tous, excepté Trousse et Castriot. A l'aspect des regards scrutateurs que lançaient les petits yeux verts de l'Italien, le tremblant médecin s'était caché dessous la soutane du guerroyant Hilarion.

— Eh, qu'est devenu le génie de la médecine, l'illustre Trousse, demanda Michel l'Ange, l'a-t-on pris ?...

— Certes, dit Enguerry, et ce fut au moment où il franchissait le pont-levis avec ce damné Albanais qui manqua de m'abattre la tête pour la seconde fois.

— Mais je ne le vois pas, répondit le Vénitien, et par la carcasse du diable, notre digne patron, je crois que c'est le seul homme qui puisse nous découvrir ce que nous cherchons, car tous ces gens-là sont assez imbéciles pour mourir sans rien dire, ils sont frottés d'honneur!... Monestan leva les yeux au ciel.

En entendant ces funestes paroles, le pauvre docteur........

....

Trouvez bon, lecteurs, que cette lacune vous tienne lieu de ce que rapporte l'histoire. En effet, bien que l'action de Trousse soit très naturelle, et même périodique chez les hommes et chez les femmes, la politesse française de nos jours veut que l'on supprime ces menus détails, dont nos bons aïeux tiraient leurs plaisanteries... Quoi qu'il en soit, l'évêque fut forcé de se reculer, le beau Juif porta la main vers ses narines, autant en fit la femme du concierge, Kéfalein et Monestan; alors le tremblant docteur accroupi, et la tête dans ses mains, fut le point central d'un cercle de curieux.

—Ah le voilà!... s'écria Michel l'Ange, et tous les yeux se tournèrent sur Trousse, qui répondit en balbutiant :

— Moi!... non, moi!...

Alors prévoyant le danger où se trouvaient le prince et sa fille si le docteur avait la question à subir, Castriot rampa du mieux qu'il put, tout garrotté qu'il était, et saisissant Trousse par la nuque, il essaya de l'étrangler.

— A moi, au secours!... moi je meurs!... je...

Heureusement les soldats, sur un mot de Michel l'Ange qui perdait tout à la mort de Trousse, arrivèrent dégager le docteur, et l'amenèrent avec Castriot devant Enguerry et Michel l'Ange. Alors la plus grande terreur régna parmi les malheureux captifs, car il leur était démontré que, pourvu qu'on egratignât Trousse, il trahirait le secret dont Castriot et le docteur paraissaient être les seuls dépositaires.

Oubliant leurs infortunes personnelles, ces sujets fidèles ne pensaient qu'au prince et à la belle Clotilde : aussi tous les yeux se portèrent sur les deux martyrs, et le silence de l'attention régna dans tout le château. En effet les soldats avaient fini d'entasser le butin et de le charger dans des chariots tout prêts à partir.

— Par grâce, messieurs les soldats, dit Trousse à ceux qui le conduisaient, ne m'approchez pas trop de cet Albanais, car il me tuerait, et rien que l'aspect de sa figure m'agace les nerfs, et voyez-vous la pensée.....

— Tais-toi, lui cria Castriot.

— Du courage !..... s'écrièrent les captifs.

— Ça vous est bien facile à recommander, murmura le médecin, ce ne sont pas vos nerfs qui... que...

— Mon ami, interrompit Michel l'Ange, voulez-vous me dire en quel endroit s'est réfugié le prince ?

— Moi !...

— Oui toi...

— Moi je n'en sais rien.

— Bravo !...crièrent en chœur les prisonniers, vive Trousse !...

— Oui, vive Trousse, et longtemps !... répéta le docteur avec un ton chagrin et en fesant une triste grimace.

Les encouragemens de cette foule de malheureux convainquirent Michel l'Ange et le Mécréant que Trousse savait la retraite de Jean II; alors le Vénitien, connaissant le caractère du patient, ne douta plus du succès.

— Hé bien Hippocrate de notre siècle, s'écria l'Italien, choisissez parmi le chevalet, l'eau, l'huile bouillante, ou le traquenard, ce qui fatiguera le moins vos nerfs.

— Moi, répondit Trousse avec effroi, je ne veux rien de tout cela...

— Allons mon compère, dit Enguerry, dépêchons-nous? le soleil est levé. Le Mécréant fit signe à Nicol d'aller vite en besogne. L'impassible lieutenant coucha donc le tremblant docteur sur une grande planche, et, après l'y avoir attaché, il mit entre les jambes de Trousse d'autres planches qu'il serra par de grosses cordes, de manière à réunir les jambes et les planches intermédiaires en un tout solide. Alors, le terrible Nicol prit des morceaux de bois taillés en forme de coins, et, armé d'un pieu en guise de maillet, il inséra un premier coin de bois entre les jambes du docteur, sans se soucier de ses cris, qui retentirent dans la vaste enceinte du château.

Pendant ce temps, on étendait

Castriot sur un chevalet fait à la hâte, et quatre soldats employèrent toutes leurs forces à tordre les membres du courageux Albanais. Son visage serein montrait à Trousse l'exemple d'une résignation et d'une fidélité que celui-ci ne cherchait guère à imiter.

— Je meurs !... je suis mort !... s'écria-t-il, quand on enfonça le second morceau de bois. En effet, les deux os de ses jambes craquèrent, et ce bruit fit trembler le beau Juif et les trois ministres, pour le sort du prince et de sa fille.

— Comment, répondit Michel l'Ange avec un sourire amer, ne pouvez-vous pas vous guérir ?....

je vous donne une belle occasion pour prouvervotre système!... employez-moi toute l'énergie de votre imagination pour reporter votre pensée sur d'autres objets et figurez-vous que vous ne souffrez pas ?........ Puis se retournant vers Nicol, il ajouta : « Le docteur ne ressent rien, mettez encore un coin ?.... »

— Grand Dieu, l'on m'assassine, moi !..... Trousse !...... au secours !..... M. le chevalier Noir accourez ? n'importe par où, cela m'est égal !....

— Souffre et tais-toi ! dit Castriot, tes cris ne diminuent pas ta douleur.

— Par ma vie, cela vous est facile à dire, vous qui en endurez bien moins que moi.

— En effet, reprit l'Albanais avec un sourire, je prouve votre système et suis tout-à-fait à l'aise. Trousse se tut en voyant l'horrible torture de Castriot dont les membres se disloquaient.

— Avouez où est le prince, et votre torture cessera, dit Nicol au docteur.

Cette consolante idée fit tourner à Trousse sa tête endolorie vers Michel l'Ange, et il sembla consentir à ce qu'on lui demandait. Alors l'Italien ordonna d'arrêter la question. L'évêque voyant cela, s'écria pour encourager le docteur :

— Courage !..... je vous absous de vos péchés !.....

— Dieu vous mettra au nombre de ses saints !... ajouta Monestan.

— J'aime mieux être en vie que dans une niche de plâtre et au calendrier, répondit le docteur.

— Vous serez cité comme le modèle des sujets dévoués, dit Kéfalein.

— Tout cela ne me servira de rien quand je serai mort.

— C'est vrai !..... dit Michel l'Ange, avec un ton de conviction.

— Les Lusignans vous éleveront une statue, cria l'intendant, et j'en surveillerai l'exécution.

— Je parlerai de vous dans l'histoire de la Cuisine Française, observa Taillevant, et le premier ragoût que j'invente je lui donne votre nom.

— J'aimerais mieux le manger, répondit le patient.

— Et la gloire ! dit le beau Juif.

— La gloire d'un mort ne vaut pas l'infamie d'un vivant ! répliqua Michel l'Ange avec un malin sourire; l'une est une ombre, l'autre est un corps.

— C'est vrai, dit le docteur; la vie est tout.

— Je te tuerai, si nous survivons à ton apostasie ! cria l'Albanais avec des yeux étincelans, malgré ses souffrances.

— Je vivrai toujours quelques momens de plus !......

En cet instant, on inséra un troisième coin, et Nicol frappa à coups redoublés pour décider le patient. Alors le docteur fit signe qu'il allait révéler l'endroit où était le prince.

— Encore cinq minutes, dit le beau Juif, et tu meurs sans trahir ton roi !.......

— Mourir, répéta Trousse, beau Juif, vous êtes jeune et vous ne savez encore pas tout ce qu'on perd ; on ne connaît la vie qu'à l'*user*..... Me ferez-vous mourir si je ne dis rien ? demanda-t-il aux bourreaux avec ingénuité.

— Certes! répondit Enguerry d'un ton farouche. Le docteur resta dans une cruelle incertitude.

— Hélas! s'écria Michel l'Ange avec des yeux pétillans, quel dommage que personne ne soit revenu nous dire si l'on ne vit pas quand on est mort.... eh que ne perd-on pas à mourir?.... tout ce qu'il y a de réel et de solide s'évanouit comme un songe!.... les yeux ne voyent plus, on ne peut plus savourer la douceur d'un repas, satisfaire sa soif, marcher, sentir, entendre, enfin l'on devient cadavre, pâture des vers, et l'horreur de la nature; vide soi-même on augmente la masse du vide, on entre dans le néant, et l'on ne se souvient même pas de nous!... Au lieu qu'un vivant!... tel infâme et malheureux qu'il soit, il mange, boit, marche et assiste au grand spectacle du monde; il en est un des leviers, il contribue à l'effet du tableau, il jouit de tout, il roule dans la vie avec bonheur, enfin, il existe..... Il faut dire adieu à tout cela...... Allons mon ami Trousse, faites votre paquet et quittez la vie, cela ne sera rien, il suffit d'un instant....

En disant cela, Michel l'Ange tira son épée et la dirigea lentement vers le cœur du médecin.

— Un instant!... un instant...

déliez moi ?... je vais vous conduire à l'endroit où est le prince !...

Alors Nicol débarrassa Trousse du douloureux traquenard et un cri d'horreur et d'indignation partit du groupe des captifs.

— Malheureux, s'écria le Juif au désespoir, que ne puis-je te donner ma vie !...... Eh sônge donc que si tu meurs, tu vivras encore ?.... tes cendres se transformeront en une substance quelconque qui vivra, tu deviendras plante, oiseau : tu auras des sensations autres que les tiennes et plus agréables peut-être !...

— Peut-être, répéta Trousse, peut-être !.... et il se dirigea vers l'autre cour accompagné par Michel l'Ange triomphant, et par le Mécréant et Nicol qui le soutenaient. Les Casin-Grandésiens restèrent immobiles de terreur et Castriot poussa un effroyable gémissement. Un des soldats s'apercevant qu'il était près d'expirer, fut ému de son courage et détacha l'Albanais, qui pleura de rage en songeant que sa bienfaitrice et son prince allaient être découverts.

En effet, le lâche docteur, toujours effrayé par la pointe scintillante des épées que l'adroit Vénitien avait soin de lui présenter sans cesse, conduisit le joyeux Triumvirat vers le pont-levis. Là, il dit d'une voix altérée : « Levez-le ? » Et Nicol ayant exécuté ce fatal mouvement, on aperçut le vénérable Jean II et la belle Clotilde, assis dans un renfoncement du fossé et protégés par des pierres et des fascines qui formaient une espèce de niche.

— Que la carcasse du diable me serve de voiture, s'écria Enguerry, si je les aurais jamais cherchés là !.....

Michel l'Ange sautait de joie et frappait dans ses mains, en criant : « Victoire !... victoire... » et l'on tira le monarque et sa fille de leur retraite.

A ce moment Trousse ayant horreur de sa trahison et ne pouvant soutenir le douloureux regard de Clotilde, s'écria : « Je voudrais mourir !.... »

— Qu'à cela ne tienne ! lui dit Enguerry, et il leva son épée.

— Grâce !... grâce !.... répliqua le docteur, je ne pensais pas à ce que je disais !..........

Quand le prince et sa fille parurent dans les cours, suivis de Trousse-Judas et de la foule des brigands, un murmure d'indignation s'éleva parmi les Casin-Grandésiens. En arrivant près d'eux, les yeux de l'amoureuse Clotilde cherchèrent le bel Israélite et lorsqu'elle l'aperçut, un rayon de joie brilla au travers de ses larmes; une rougeur charmante nuança son pâle visage, et son regard sembla dire à Nephtaly : « *Nous mourrons ensemble !*.... » Jean II conservant au milieu de cette infortune, et de cette bizarre assemblée, sa noble et majestueuse attitude, ressemblait à Régulus arrivant à Carthage.

Aussitôt, les soldats firent monter tous les prisonniers dans des chariots. L'on mit Jean II, sa fille, les trois ministres, le Juif, Bombans et Trousse dans la même voiture, et Michel l'Ange eut soin que Clotilde et Nephtaly fussent à côté l'un de l'autre.

— Il faut bien, dit-il, que les

deux amans se fassent leurs adieux! ils n'ont pas long-temps à vivre!...

— Que n'ai-je mon sabre pour punir ce calomniateur, s'écria Castriot.

Les trois ministres regardèrent avec étonnement la princesse et Nephtaly qui baissèrent leurs yeux où tout leur amour pouvait se lire: puis, sur l'ordre du Mécréant, on abandonna le château. Les pauvres habitans lui dirent adieu de l'œil et du geste; bientôt ils perdirent de vue ses masses romantiques, et néanmoins ils regardèrent toujours en silence et dans l'espace, la direction de ce bel édifice.....

* * * * * * * * * * *

Le silence de la destruction envahit Casin-Grandes!.... Bientôt Raoul le chevrier arriva tout haletant.... il entre sans obstacle dans les cours, il regarde avec surprise le désolant spectacle de cette destruction récente, qui n'a rien que de navrant: les ruines consacrées par le temps, ont quelque chose de poétique, elles jettent dans l'âme un sentiment de mélancolie; tandis que les ruines encore empreintes de carnage et pour ainsi dire palpitantes n'ont rien de gracieux et font horreur!.. Raoul erre partout et n'en peut croire ses yeux: ce château naguère si plein, si vivant, est morne, rien ne l'anime, il est comme un squelette. Le chevrier entend un léger bruit qui retentit dans les cours.... il approche, et ce qu'il voit semble compléter le tableau. C'était le vieux cheval de Bombans qui broutait une mousse.

Après avoir examiné ce spectacle, le jeune et beau pâtre enfourche le cheval quadragénaire, le force sur ses vieux ans à galopper; et Raoul se dirige vers Aix, en accordant un soupir et une larme à la ruine de ce beau château et à celle de la race des rois de Jérusalem... A une lieue d'Aix, le chevrier rencontra un vieillard monté sur un cheval fringant, et à la manière dont il le gouvernait et dont il portait ses armes, il était facile de reconnaître un guerrier blanchi sous le casque.

— C'est vous ! s'écria le vieillard.

— Hélas!.... répliqua Raoul, Casin-Grandes est pris !....

— Ciel ! l'imprudent !... quelle folie ?.... continua le vieillard, courons, volons !.....

Tous deux s'élancent vers la capitale de la Provence et ils disparurent cachés par le nuage de poussière qui s'éleva sous les pas de leurs chevaux.....................

CHAPITRE XXVI.

De la prison, sur eux, la porte s'est fermée,
Ils attendent la mort, l'accusent de lenteur.

(*Poëme de Jonas.*)

Quand je devrais périr, j'espère vous sauver,
Et pour mon bienfaiteur je saurai tout braver.

(*Tragédie de Guillaume Tell.*)

PENDANT que Raoul pressait les flancs étiques du cheval de l'intendant, afin de pouvoir suivre le vieillard, le roi Jean II, et sa farouche escorte, s'avançaient en grande hâte vers la forteresse d'Enguerry.

Lorsque le cortége parvint à l'endroit de la colline des Amans, où le Juif rencontra Clotilde, la princesse et Nephtaly se le montrèrent en même temps par un regard empreint de toutes les suavités de la mélancolie. Ce coup-d'œil plein d'une certaine grâce funéraire, semblait contenir toute l'histoire de leurs amours enchanteresses. Clotilde s'appuya bien légèrement sur l'épaule de son bien-aimé; les boucles de leurs cheveux se mêlèrent; et, parmi les captifs, eux seuls, au moyen de ce tacite langage des âmes, cueillirent une fleur au milieu de ce vaste champ d'infortune. Et n'étaient-ils pas réunis?... Qu'importe que ce fut par le malheur?... ils se voyaient!... et, se voir est tout en amour !...

En ce moment, Trousse-Judas, horriblement fatigué par les cahots de la voiture qui renouvelaient les douleurs de ses jambes meurtries, rompit le silence en s'écriant : « Je souffre. »

—Tu n'as que ce que tu mérites, vil apostat, traître!... répliqua l'évêque ; fuis d'ici ? vas au bout du chariot, n'approche pas de ceux que tu as livrés?... la présence d'un Judas est un supplice !....

— Ne l'injuriez pas? interrompit Jean II d'un ton calme, il a suivi le penchant de la nature en se conservant à nos dépens.

Faut-il le blâmer d'avoir été homme avant d'être sujet ? Nous n'avons pas tous la force d'être des héros?... peut-être nous aurait-on toujours découvert? M°. Trousse nous vous pardonnons!....

— Moi, Monseigneur!.... et Trousse confus se réfugia à l'extrémité du chariot.

— Messieurs, dit le monarque à voix basse, nous nous trouvons dans des circonstances graves!....

— Très-graves, répéta nonchalamment Kéfalein, qui conservait l'insouciance de son caractère au milieu de ces événemens.

— Voilà ce que c'est que de n'avoir pas suivi mes conseils,

s'écria l'évêque, ou plutôt si nous avions *trente mille hommes*. . . .

— Confions-nous à la Providence, interrompit Monestan en levant les yeux au ciel, la résignation est la première vertu du sage !. . . .

— Que peut être devenu le chevalier Noir, murmura le prince, et comment se fait-il qu'il ait pu nous abandonner ?. . . . . Allons, soumettons-nous à la main qui nous frappe !. . . Dieu le veut !...

— Dieu a donc voulu que l'on pillât tous nos trésors ? s'écria Bombans, et on les a tellement dispersés, qu'il est impossible que le compte s'y retrouve jamais !. . . . .

— Qu'importe ! répondit le monarque.

Cette parole soulagea Bombans qui pensa que ce pillage serait une éponge pour laver ses comptes de tout reproche.

— Ils auront brisé la chaise de Mélusine ! continua le prince.

— Et brûlé la tapisserie, ouvrage de la Ste.-Vierge ! observa Monestan ; c'était la plus précieuse relique de la chrétienté.

— Et ils ont emporté toutes nos armes ! ajouta Hilarion.

— Que de malheurs !..... s'écria Kéfalein en voyant Michel l'Ange faire caracoler Vol-au-vent autour du chariot.

— Ces malheurs, dit le beau Juif à l'oreille de Clotilde, sont mon ouvrage, j'en suis le seul coupable !...... mais peut-être pourrai-je les réparer ?...

— Et comment Nephtaly ?...

— Hélas !...tenez?... voici mon seul espoir... et il montra à Clotilde un anneau d'argent très-grossier qu'il portait à son index gauche ; je jure, reprit-il, que si je puis échapper à ce nouveau malheur, je ne m'exposerai plus à de pareils dangers !... Ah ! ma Clotilde, qu'ai-je fait !...

— Qui parle en ce moment à notre fille? demanda le prince avec curiosité.

— C'est le Juif Nephtaly, répondit Bombans.

— Ciel!.... s'écria Jean II, ô comble de misère, un Juif à nos côtés!... et, il parle à notre fille!...

— Et ils s'aiment, ajouta Michel l'Ange, qui passait.

A ce mot, le vieux monarque se tourna vers l'endroit où il supposait Clotilde, et il dit avec l'accent de la plus profonde douleur : « Serait-il vrai ma fille?....»

La jeune vierge ne répondit rien, et Jean II consterné baissa la tête sur sa poitrine; mais Castriot cria sur-le-champ au Vénitien :

— Infâme et vil calomniateur, non content de la vie de nos rois, prétends-tu pouvoir noircir leur sublime caractère et la pureté de ma bienfaitrice que je suis en tous lieux?.... Ah! si j'avais mon sabre!... Meurs Castriot? tu vois tes rois insultés et tu ne peux les venger, meurs!....

A ces paroles le prince parut se réveiller comme d'un songe, et la faible rougeur de sa figure annonça qu'il saisissait avec joie l'espérance que lui donnait l'idée du fidèle Albanais.

Les trois ministres attribuèrent le vif incarnat qui envahissait le charmant visage de Clotilde, à la honte que lui causait une telle accusation : la jeune fille se sépara insensiblement du bel Israélite qui était en proie à des torrens de voluptés en interprétant le silence de sa bien-aimée comme un nouvel aveu de son amour. Ils se jetèrent encore quelques furtifs regards pleins d'un feu céleste. Déjà la princesse voyait cette infortune comme la source de son bonheur : « Pauvre, orpheline, je pourrai l'épouser ! » se disait-elle, et elle regardait Nephtaly avec un doux sourire.

— Tant que nous serons en route, observa Hilarion, nous avons encore l'espoir d'être délivrés par le chevalier Noir.

Michel l'Ange qui entendit ces paroles en sentit toute la force ;

il ordonna d'aller encore plus vite, et bientôt l'on aperçut le faîte des murailles de la forteresse d'Enguerry. Josette fut la seule en qui cette vue n'excita pas le désespoir, car cette fille de la Provence avait l'âme tout occupée des plaisirs qu'elle pourrait goûter avec son cher le Barbu! Qu'il faut d'énergie pour dompter la nature!.....

Enfin, l'escorte franchit le fatal porche sur lequel il semblait qu'on eût écrit, comme sur celui de l'enfer : *Entrez et laissez l'espérance!....* Tous les cœurs se serrèrent lorsqu'on entendit relever le pont-levis; et que les trésors, le prince et sa fille furent dans la cour de la forteresse du Mécréant; chacun se regarda tristement sans proférer une parole.

— De quoi le prince pourra-t-il vivre? dit Taillevant, quel ragoût faire dans de petites cuisines comme celles-là ?.... Tout sera mauvais!.... et il s'appuya sur Frilair qui imita le désespoir de son illustre chef.

Tous les prisonniers vulgaires furent entassés dans des caves, et l'on amena dans la salle basse du Mécréant, le prince, sa fille, les trois ministres, le beau Juif, Bombans, Trousse, Josette, Taillevant, Castriot, Marie et le reste de la cour. Le terrible Enguerry ne tarda pas à reparaître après avoir serré sa part du butin et quitté son armure pour reprendre la dalmatique, ornement des seigneurs de ce temps.

Le prince et Clotilde étaient seuls assis, et chacun se tenait respectueusement debout. Le Mécréant fut frappé de ce spectacle, et son orgueil en fut agréablement chatouillé : il s'alla mettre dans son fauteuil rouge, dessous son dais de bois, et il regarda ses prisonniers. Leurs différentes attitudes, la beauté touchante de Clotilde et du Juif, la majesté du prince, les poses de ses ministres, le jour sombre qui passait à peine par les vitraux de couleur, et la simplicité du lieu, rendaient cette scène digne du pinceau d'un peintre; et, le Mécréant,

Michel l'Ange, Nicol et la folle ; composaient un groupe remarquable par les expressions de ces quatre physionomies diversement sauvages.

— Mon compère, dit l'Italien à Enguerry, je crois qu'il serait assez urgent de nous défaire sur-le-champ du prince et de sa fille.

— Et pourquoi?... répondit vivement Enguerry.

— Corbieu! parce qu'il n'y a que les morts qui ne reviennent pas, et l'on s'est toujours bien trouvé de cet axiome politique.

— Oui!... répondit Enguerry avec un sourire sardonique, mais je m'en trouverais fort mal... et je veux conserver la vie à mes prisonniers; si Venise les veut, qu'elle me les paie! où est votre or?... Croyez-vous, mon bel ami, que j'irai me mettre à votre discrétion en les faisant périr? Avez-vous affaire à un jeune étourneau politique? Grâce à Jean-Sans-Peur, mon maître, j'en sais long!...

— Ainsi, dit Michel l'Ange stupéfait sans le faire paraître, je n'aurais, à votre compte, travaillé que pour vous?....

— Et c'est vrai, mon féal!....

— Ah! mon compère!... mon ami!...

— Ton ami!... raie cela de tes papiers? il n'y a d'autre lien entre nous que l'intérêt, et ce lien est rompu pour le quart-d'heure. Le Vénitien, semblable à un renard pris au piége, et honteux de s'être laissé jouer et de n'avoir pas pris toutes ses précautions, sentit la force de la position d'Enguerry : il resta, sans mot dire, les yeux fixés sur la table, et réfléchit à la manière dont il sortirait de cet état critique.

— J'entends bien, continua le Mécréant, qu'une fois le prince et sa fille morts, tu aurais pris le large! mais à d'autres!... et si tu fais mine de vouloir me jouer, je saurai te mettre à l'ombre.

Affectant alors un léger sourire qui semblait couvrir de sombres desseins, ainsi que des fleurs cachent un précipice, le cauteleux Italien s'écria : « Allons, mon compère, nous sommes d'égale force!... Je ne le croyais pas!...»

—Tu conviens donc de ta félonie?

— Que diable voulez-vous?... c'était tout naturel... A ma place vous en auriez peut-être fait autant!... Eh bien! maintenant nous jouerons à jeu découvert; et si pour le moment vous avez les as, c'est à moi à les mettre de mon côté... ou plutôt, ajouta-t-il, en voyant les regards du Mécréant, je vais m'exécuter et réfléchir pour vous compter ces deux millions!... Par St. Marc *et Diavolo*, vous êtes grand politique, car vous avez vaincu Michel l'Ange!...

— Double coquin, tes louanges ne m'empêcheront pas de prendre mes sûretés; et, comme deux valent mieux qu'une, je commence par disposer de mes prisonniers de manière à les soustraire à tes ruses et à tes poisons!...

Alors Enguerry, jetant un regard sur les captifs, s'écria : « Nicol!... que l'on avertisse le Barbu (Josette tressaillit) de venir chercher ce Juif qui a l'audace d'être mon rival. On lui donnera la question de l'huile bouillante, et s'il n'avoue pas où sont ses trésors, qu'on le mette à la barigoule. »

Clotilde serra la main de Nephtaly, et après lui avoir lancé un dernier regard, elle s'évanouit et s'appuya sur Castriot, en murmurant : « Adieu !... »

Il existait une rivalité entre Nicol et le Barbu. Ce dernier, par des raisons que l'on ne tardera pas à connaître, se tenait à l'écart depuis que les habitans de Casin-Grandes étaient entrés. Chargé de tout le poids de la colère du Mécréant, qui le soupçonnait d'avoir de l'humanité, de le trahir, et d'entretenir des liaisons avec le château du roi de Chypre, car Michel l'Ange n'avait pas manqué de dire au Mécréant ce dont il fut témoin, le

Barbu, pressentant l'avenir et attiré par une foule de sentimens vers Casin-Grandes, flottait dans ses résolutions.

Quant à Nicol, il aspirait à être premier lieutenant, et partant, il ne manquait jamais de nuire à l'époux de l'amoureuse Josette.

Enguerry aimait assez ces rivalités, et il avait soin de les entretenir, parce qu'elles tournaient à son avantage, en ce que ses soldats cherchaient à se surpasser les uns les autres, soit en courage, soit en fidélité, et qu'en les occupant entre eux, il obviait aux attentats dont il aurait pu être l'objet, si parmi eux il se trouvait un homme entreprenant.

Aussi Nicol, en revenant, dit au Mécréant avec un air de mystère, que le Barbu paraissait avoir de la répugnance à se rendre à ses ordres : en effet, le premier lieutenant marchait à pas lents. Alors Enguerry donna l'ordre à deux de ses soldats de se saisir du Juif. Ce dernier avant de quitter Clotilde lui déroba un baiser et lui dit à voix basse : « *espère !...* » et Enguerry l'entraîna.

Marie, comme mue par un instinct indéfinissable, dit au Juif, quand il passa près d'elle.

—Mon ami, tu es jeune et beau, je suis laide et sans utilité pour le monde; tu vas souffrir beaucoup, je suis insensible au bien comme au mal; qui empêche donc que l'on ne me prenne à ta place ?...

Le Juif sourit à Marie, et lui dit ce seul mot :

— L'intérêt !

La folle continua en pleurant : « On arrache un jeune chêne et on laisse végéter un vieil orme !.... Où est l'intérêt !... »

Le Mécréant sortit avec Nephtaly.

Alors Clotilde, se réveillant comme d'un songe, demanda au fidèle Albanais : « Il m'a parlé ?... qu'a-t-il dit ?.... le son de sa voix a retenti dans mon âme, où sa bouche s'est-elle posée ?.....»

Castriot fut tellement étonné de ce langage qu'il ne répondit rien ; et la jeune fille, en voyant sortir l'Israélite, retomba dans une sombre léthargie. Ses yeux, après avoir erré, se fixèrent sur la porte par laquelle Nephtaly avait disparu ; elle pâlit comme la neige des Alpes, et resta immobile, froide, et semblable à la statue d'un tombeau.

En ce moment on entendit le Mécréant se mettre en fureur et réprimander le Barbu, puis il rentra avec Nicol en répétant : « Et s'il n'avoue rien, qu'il meure !... »

— Castriot, je succombe !.... et Clotilde tomba dans les bras tout disloqués de l'Albanais, qui, surmontant ses douleurs, la retint et chercha à la ranimer.

Marie, à l'aspect de la chute de sa fille de lait, se mit à pleurer en disant : « Les deux êtres que j'ai nourris auront une fin malheureuse !... mon lait est mortel !... » et elle se frappa le sein et la poitrine.

— Qu'a donc ma fille ?.... demanda le prince avec une inquiétude extrême.

— C'est le froid de cette salle qui l'aura saisie, répondit l'Albanais.

— Grand Dieu ! nous avez-vous abandonnés?...s'écria Monestan qui s'agenouilla et se mit en prières.

L'évêque regardait les armures suspendues dans la salle, il les convoitait de l'œil et cherchait les moyens de s'en emparer pour mourir les armes à la main. Quant à Kéfalein il contemplait son prince avec douleur, sans pouvoir assembler d'autre idée ; Trousse était accroupi dans un coin ; et Josette pensait à le Barbu.

En ce moment le Mécréant, s'apercevant que Michel l'Ange s'approchait insensiblement de l'endroit où se tenait le prince et sa fille, s'écria :

— Nicol, mon ami, conduis le roi Jean II et la belle Clotilde dans le cachot dont voici la clef ?... et ayez soin de me la rapporter !

Il échappa un mouvement de dépit à l'Italien, tandis qu'un autre mouvement causé par la douleur, agita le groupe des captifs. Enguerry se tournant vers Jean II, ajouta avec un sourire ironique :

Ce n'est pas par cruauté, monseigneur, nous connaissons les égards que l'on doit aux rois!... ce que j'en fais c'est pour votre sûreté personnelle, car voici, dit-il en montrant Michel l'Ange, un diable envoyé par l'enfer, ou Venise c'est tout un, qui serait capable de vous dépêcher pour l'autre monde avant que l'on ait regardé par où et comment!.... d'ailleurs vous réfléchirez plus à l'aise avec votre fille s'il ne serait pas très-convenable de me prendre pour gendre ; si cela était, morbleu!..... vous seriez maître de la Chypre avant un mois.

A ces derniers mots, l'évêque tressaillit.

Jean II, sans rien répondre; embrassa ses trois ministres; serra la main du fidèle Castriot; dit adieu à ses sujets, pleurant de rage; et quand ce fut à Bombans, il ajouta: « Je vous donne ce que vous avez pris!...»

Trousse s'écria : Et moi!...

Cette scène touchante ne fut pas de longue durée, car Nicol attendait; le prince recommanda à ses ministres de récompenser ses serviteurs fidèles s'ils rentraient jamais en Chypre, puis versant une larme et leur disant adieu pour la dernière fois, il s'appuya sur le bras de Clotilde, et le père et la fille se soutenant l'un l'autre suivirent en silence le farouche Nicol.

—D'honneur, bon homme, vous êtes pathétique, dit le Vénitien à Jean II, je n'avais plus qu'une larme à répandre et la voici dans mon œil.

Le monarque disparut et la salle sembla vide!....

Le lieutenant les conduisit à un horrible cachot situé sous les fossés de la forteresse: le jour n'y pénétrait pas, l'air en était fétide. Nicol fit gronder les serrures rouillées et referma la porte par-dessus Jean II et Clotilde.

Le vieillard se dépouillant aussitôt de sa dalmatique voulut en envelopper sa fille chérie qu'il entendait soupirer.

— Mon père, je vous remercie.

— Clotilde; je l'ordonne.

— Mon père, je suis jeune et puis supporter le froid mieux que vous.

— Ma fille, ma carrière est finie, je puis mourir!... mais vous!... vous devez vous conserver !.....

— O mon père aimé! .... je serais au milieu des recherches du luxe et de la grandeur, que rien ne m'empêcherait de mourir !... mon arrêt est porté !.... je sens mon ame se glacer !....

— Que voulez-vous dire ?....

— Ce n'est pas mon secret, je n'en puis disposer !... et elle ajouta bien bas : « Il meurt en ce moment, et sa pensée dernière m'environne !.. Ah ! Nephtaly je reçois ton âme si elle vient errer à mes côtés !... » Elle se mit à pleurer.

Le vieillard s'appuya contre les murs humides de sa prison, il attira Clotilde sur son sein, et, l'enveloppant de sa dalmatique, il se mit à réfléchir profondément sur les étranges paroles qui étaient échappées à sa fille et sur les larmes qu'il lui entendait répandre.

Pendant ce temps, le Barbu avait conduit le bel Israélite vers l'endroit où se faisaient les exécutions du Mécréant; c'est-à-dire, en face de la poterne, le seul endroit faible de la forteresse.

Là, tous les instrumens des divers supplices se trouvaient toujours disposés et l'on n'eut qu'à allumer du feu sous une vaste cuve remplie d'huile.

Le Barbu et l'Israélite étaient à côté l'un de l'autre et assez éloignés du groupe des soldats qui s'approchèrent pour contempler cet horrible spectacle. Quand l'huile commença à bouillonner, le Juif faisant un signe au lieutenant, lui dit à voix basse : « Est-ce que Jean Stoub serait assez lâche pour tuer son bienfaiteur ?...»

En s'entendant appeler par son nom, Jean Stoub eut un léger frisson et parcourut le Juif d'un œil investigateur : « D'où me connais-tu et qu'as-tu fait pour moi ?... »

Alors Nephtaly présenta à Jean Stoub l'anneau d'argent qu'il avait à la main en lui disant : « Regarde?...»

— Grand Dieu ! s'écria Jean Stoub, que vais-je devenir ?..... que faire ?.....

— Il faut me sauver !.... cela seul peut t'obtenir ta grâce auprès du roi de Chypre.

— Ah ! répliqua le lieutenant, je vous jure que ce fut la misère qui me conduisit à ce repaire; j'ignorai long-temps que le prince était à Casin-Grandes; et quand je l'appris, la honte m'a empèché d'y aller; elle était bien forte puisque je n'ai pas été embrasser ma pauvre mère qui me croit mort et que je viens de voir entrer !... Aussi, quand l'ambassade arriva ces jours passés j'eus de cruels remords.... et, ce fut moi qui donnai avis des desseins du Vénitien !.... Il paraît que le pâtre a réussi à sauver le prince et sa fille !...

— Oui, dit Nephtaly. L'huile jetait de gros bouillons, et les soldats criaient à le Barbu de ne pas retarder leurs plaisirs. Alors le lieutenant s'écria : « Dussé-je périr, il ne sera pas dit que j'aurai arraché la vie à celui qui me l'a sauvée ! »

— Allons vous autres, ajouta-t-il tout haut en s'adressant aux spectateurs, retournez à vos postes ? qui vous a donné l'ordre de les quitter ?...

Les soldats se retirèrent en murmurant.

— Vous en irez-vous ? répéta le lieutenant.

Quand ils furent à leur poste, Jean Stoub ouvrant précipitamment la poterne et abaissant le petit pont-levis qui s'y trouvait, poussa le Juif en dehors en lui disant :

Rompez les chaînes et sauvez-nous!... »

En un instant, Nephtaly fut à cent pas de la forteresse; les sentinelles sonnèrent le cor d'alarme ; et le Barbu, songeant aux suites de cette affaire, se disposait à suivre le bel Israélite, quand Nicol, qui dans ce moment venait d'incarcérer le monarque et paraissait dans les cours, s'élança, comme un aigle, sur son rival. Jean Stoub, malgré les coups de clef dont Nicol l'assaillait, triomphait déjà de son ennemi, lorsque les soldats attirés par la dispute arrivèrent, et l'on s'empara de l'infortuné Jean Stoub!... Mais le Juif était hors de danger et s'enfuyait à travers la campagne comme une gazelle poursuivie.

— Traître ! s'écria Nicol, tu mourras !....

— Au moins j'aurai payé ma dette, dit Stoub, et un peu plus tôt ou un peu plus tard, il faut toujours mourir !....

— Raisonne, ton affaire est claire et me voilà, pour sûr, premier lieutenant !... L'on s'avança vers la salle d'Enguerry........

CHAPITRE XXVII.

Mon cher fils ! tu vivras,
Tu vivras !.........................
(*Idylle du Malade*, d'ANDRÉ DE CHÉNIER.)

Entre les deux partis, la victoire balance,
Mais bientôt.....
(Poëme de *Jonas.*)

Ces démons entrèrent à grand bruit.
(SHAKESPEARE.)

LE Mécréant surveillait tous les mouvemens de Michel l'Ange, comme un général examine ceux de ses ennemis, et il agitait déjà en lui-même la question de savoir s'il ne serait pas prudent d'enfermer le Vénitien, et si, en le traitant comme ennemi, il ne s'ôtait pas tout moyen de correspondre avec le sénat, etc... lorsque le bruit des pas de tous ses soldats et leurs murmures retentirent dans la salle.

Étonné de ce tumulte, Enguerry se lève et il voit paraître à la porte de la chambre son premier lieutenant contenu par deux soldats et traîné par le triomphant Nicol qui s'écrie : « Monseigneur, faites justice d'un traître !... »

— Et quel est son crime ?....

— Il vient d'ouvrir la poterne, et de rendre la liberté au Juif !... répondit Nicol.

— Est-ce vrai ? demanda le Mécréant au coupable.

Jean Stoub se tut.

—Qu'on le plonge à la place du Juif dans l'huile bouillante!.....

A ces mots Josette tombe évanouie, et les trois ministres, Castriot et tous les Cypriotes s'écrient: « *C'est lui!...* »

Marie Stoub se retourne!..... Plus prompte que l'éclair, elle saute au col de le Barbu et fait retentir la voûte de ces cris:

—Mon fils!... mon fils!... tu m'es rendu!... Est-ce vrai?... mon fils Jean!.....

Elle le couvre de baisers, elle le caresse, et Jean Stoub rend à sa mère tous ses embrassemens en pleurant de joie.

— J'ai sauvé mon bienfaiteur

et revu ma mère! que puis-je désirer?... s'écria-t-il; ma mère! adieu ma bonne mère!

Marie ne se lassait pas de répéter :

— Mon fils! ..... mon fils! ...

C'était le seul mot qu'elle put proférer, la seule idée qu'elle eut, et cette idée comprenait toutes celles qu'enfante la raison humaine, car son feu céleste reparaissait déjà sur le visage de l'Innocente.

— Délivrez-moi de ces cris? dit le farouche Mécréant, et qu'on l'emmène!....

Alors Marie, sans prononcer une parole, et plus rapide qu'une flèche, s'élance sur Enguerry, lui enfonce ses ongles crochus dans la gorge, ouvre une artère et la déchire... Le sang coule à gros bouillons, et le Mécréant tombe en portant la main sur son épée. . . . . il expire. La folle, semblable au vautour qui s'acharne sur Prométhée, continue à se baigner dans le sang de sa victime : elle jette un coup-d'œil égaré sur l'assemblée épouvantée, et, plongeant ses mains rougies dans le flanc du brigand, elle l'écorche, le creuse, brise les chairs et en retire son cœur encore tout palpitant. Elle le montre avec une joie pleine d'ingénuité, et le remue par un geste qui peignait le délire de la vengeance et de l'amour maternel;

elle saute et jette de petits cris inarticulés. . . . . sa chevelure éparse, ses yeux hagards, ses convulsions, le sang qui souille ses vêtemens en désordre, lui donnaient l'air d'une furie poursuivant Oreste! . . . . . Une certaine horreur se répandit dans toute l'assemblée, profondément émue.

Le seul Michel l'Ange, arrêtant le bras de l'Innocente, prit le cœur du Mécréant avec la pointe de son épée, et dit avec un sourire sardonique :

Je vous prends à témoin qu'il avait un cœur... c'est à noter... du reste, je ne croyais pas que Capeluche dût mourir horizontalement....

— Il est pourtant mort!... s'écria Trousse, qui ne pouvait jamais se faire à l'idée de la destruction.

— Que Dieu aie pitié de lui! dit Monestan, il n'a pas seulement eu le temps de dire un seul *ave*.... et de se repentir.

Marie fut se réfugier dans un coin de la salle et s'y accroupit : elle se mit à essuyer toutes les taches qui souillaient sa robe et à rétablir le désordre qui régnait dans ses vêtemens, ce dont elle commençait à s'apercevoir...... Mais jetant un regard à son fils, elle lui fit signe de venir à ses côtés. . . . Ce signe avait quelque chose de gracieux, de délirant et de raisonnable : il peignait très-bien ce premier moment qui se trouve entre le bon sens qui revient et la folie qui expire.

Au doux sourire de sa mère, Jean Stoub profita du premier moment de la stupéfaction, et, se dégageant des mains de son rival ébahi, il rejoignit sa pauvre mère et Josette.

Les Casin-Grandésiens commencèrent à espérer, et l'évêque détacha tout doucement les armures suspendues, pendant que Trousse déliait Castriot. En un instant, Kéfalein s'arma, ainsi que l'intendant et tous les seigneurs cypriotes.

L'habile Vénitien vit en un clin

d'œil l'avantage qui résultait pour lui de la mort d'Enguerry, et il résolut d'en recueillir tous les fruits : il convoitait déjà les clefs que Nicol avait à la main, afin d'aller sur-le-champ faire périr les victimes désignées par le sénat de Venise.

Cependant, au bruit de cette aventure, les soldats accoururent, les sentinelles quittèrent leurs postes, et tout afflua dans le vestibule et la salle. Les plus avancés contemplaient avec une muette stupeur, la mare de sang dans laquelle nageait le cadavre de leur chef.

Cette multitude de têtes tendues et attentives jointes à celles de nos héros formaient un coup-d'œil pittoresque et original.

Alors on peut dire que tous les intérêts étaient en présence ; et Michel l'Ange, sachant combien est forte la première impression, se hâta de prendre la parole ; et il s'écria :

—Amis, croyez-vous que le diable doive perdre quelque chose à la mort d'un de ses plus dignes suppôts ?... eh ! par la queue du lion de Saint-Marc, tâchons qu'il ne s'en aperçoive pas, il nous retirerait sa protection. Le Mécréant est mort ! eh ! mes amis, ne vous en étonnez pas : il ne faut ni le plaindre ni le pleurer ; il est admis au foyer des enfers, et il y est à jamais. Notre tâche, c'est de l'imiter fidèlement et de faire son oraison funèbre par nos actions. N'apostasions pas!.... Ventre-mahom, s'il vous faut un chef, je vous en servirai! je vous promets que la gaîté, la gaspille et les affaires iront toujours ensemble et n'en iront pas pis!..... Nous allons célébrer par un ample festin l'heureuse recrue que vient de faire Lucifer, et auparavant, je vais expédier les affaires d'urgence..... Donne-moi tes clefs, mon cher Nicol? Je ne veux pas faire languir ce généreux roi de Chypre; va, Nicol, tu sais comme je t'ai toujours distingué, aussi tu seras mon premier lieutenant et même un peu le capitaine ?..... donne ?... Et Michel l'Ange tendit sa main.

—Donner les clefs !.....s'écria le lieutenant, avec un air rechigné, je ne dois les remettre qu'au comte Enguerry ; il est mort, que l'on me montre son héritier ou son successeur, je m'en dessaisirai; mais, quant à vous, M. l'ambassadeur, vous n'avez pas encore la branche de cyprès au casque, et vous voulez nous commander?...

La foule entière murmura en tant de sens divers, qu'il était à croire qu'il se formait dans son sein un parti Nicollien, et un parti Vénitien.

— Allons, mon ami Nicol, reprit l'Italien avec bonhomie et le ton de l'amitié, tu sais bien qu'Enguerry n'a fait cette expédition que pour la sérénissime république, et si tu veux consommer ce petit service pour elle, je me charge d'obtenir que l'on reporte sur toi les récompenses promises au Mécréant : tu seras général au service de la sérénissime république Vénitienne, noble, sénateur, et peut-être par la suite deviendras-tu Doge !...

A cette brillante perspective, présentée par l'adroit Vénitien qui s'était appuyé sur l'épaule de Nicol, ce dernier parut prêt à donner les fatales clefs!... Alors Monestan, en grand ministre et en sujet fidèle, s'écria :

Et moi, brave lieutenant, je vous donnerai le titre de généralissime des troupes du roi de Chypre, si vous voulez le sauver !...

A ces mots, Nicol se tourna du côté de Monestan.

— Eh mon ami, dit Michel l'Ange en l'arrêtant, le royaume est conquis, et leurs troupes sont imaginaires !... Alors Nicol revint contre l'Italien.

— Je vous donnerai un million sur les trésors du roi de Chypre, reprit Monestan. A cette exclamation le lieutenant regarda de nouveau le ministre, qui ajouta pour le décider: « Et songez que vous obtiendrez votre pardon; que, rentrant dans le sentier de la vertu, vous serez tranquille, et que le ciel applaudira à votre conversion.

— *Amen*, dit l'Italien; voici, par ma foi, un bel *oremus!* Eh mon compère! moi, je t'abandonnerai ma part dans les deux millions que le sénat a promis à ceux qui livreraient le roi de Chypre.

Nicol resta indécis.

— Nous vous payerons trois millions!... crièrent ensemble Monestan, l'évêque et Kéfalein.

Cette fois, le lieutenant fit un geste décisif en faveur des Cypriotes.

— Eh par la vierge de Lorette, dit Michel l'Ange à voix basse, n'avons-nous pas leurs trésors, et ceux d'Enguerry? je te les laisserai prendre, et de plus, les deux deux millions du sénat: tu vas devenir maître du comté d'Enguerry, et tu commanderas tous tes camarades!...

A cette dernière idée, Nicol ne balança plus, et il répondit au Vénitien:

— Par la mort, exécutez vos promesses et je suis prêt à vous servir?...

Puis, se retournant vers la foule étonnée, il ordonna à tous les soudards de se mettre sous les armes. Michel l'Ange triomphant s'approcha doucement de Nicol, et lui tendit la main pour prendre ses clefs; mais le prudent lieutenant les serra dans son sein.

Alors les Casin-Grandésiens ayant perdu tout espoir, se regardèrent d'un air triste comme pour se dire : « Que va-t-il arriver?...»

Mais en ce moment, il se passait dans la cour une autre scène, dont l'issue eut une grande influence sur les événemens qui vont suivre. En effet, le Barbu, s'étant glissé à travers ses compagnons, avait rassemblé autour de lui tous ceux en qui il avait remarqué quelque reste d'honnêteté et d'humanité, et, montant sur une borne qui se trouvait contre le portail, il leur dit avec cette éloquence naïve de geste et de parole que donne la vertu :

— Mes amis, nous voici libres, puisque notre chef est mort; selon les idées les plus naturelles je devrais vous commander, mais je ne veux user de ce droit que pour vous éclairer. Eh mes amis, quel métier avons-nous fait jusqu'ici? Sommes-nous des soldats? des hommes qui défendent leur prince, ou leur pays? Y a-t-il des brigands plus déhontés que nous?..... Eh bien, voici le moyen de réparer en un moment toutes nos fautes; le roi de Chypre, sa fille et sa cour sont prisonniers... délivrons-les ?... ils nous récompenseront, nous prendront à leur service, et rentrant dans la bonne voie nous y trouverons tout autant de profit, nulle inquiétude, joie, plaisir sans regret, nous nous marierons, et je puis vous assurer à chacun de l'argent et des grades.

Les plus vives acclamations accueillirent l'orateur, et lorsque Nicol et le Vénitien sortirent de la salle suivis de leurs partisans sous les armes, ils virent l'honnête Jean Stoub, à la tête d'une faible partie des forces Mécréantiques, qui s'apprêtait à une vigoureuse résistance en exhortant ses adhérens.

A l'aspect de son adversaire échappé à la mort qu'il lui destinait, et devenu redoutable par son cortège, Nicol se mit en fureur et harangua ses partisans, pour les engager à s'emparer de Jean Stoub. Le Vénitien se contenta de surveiller Nicol, qu'il suivait dans tous ses mouvemens, afin de pouvoir s'emparer des clefs qu'il ne cessait de convoiter.

Les deux troupes s'excitèrent par des questions et des injures; la discorde, qui revenait d'un chapitre de Bernardins, leur souffla sa rage et ses poisons, et ils ne tardèrent pas à en venir aux mains. — Le rusé Jean Stoub, ne perdant pas la tête, courut ouvrir la prison des habitans de Casin-Grandes, et ils ne furent pas lents à s'armer et à soutenir leur libérateur. Alors le démon de la guerre déploya toute sa furie, et fit retentir toutes ses trompettes dans les cœurs des brigands; la cour offrait l'original du beau tableau de la révolte du Caire : ce n'était que cris, coups, sang, blessures, tapage; et par momens, un effroyable silence interrompu par le bruit des armes plus horrible encore.

On sent qu'à ce tumulte, Kéfalein, Castriot, l'évêque et tous nos héros étaient accourus; et que leurs exploits se ressentirent, et de l'espoir qu'ils conçurent et de la nécessité. Trousse, regardant la bataille par les croisées de la salle, se mit à encourager les assaillans par ses cris et ses éloges. Josette et Marie, appuyées l'une sur l'autre, tremblaient de peur, en voyant le danger que courait leur bien-aimé; ils craignaient de le perdre une seconde fois : néanmoins, une sorte d'orgueil s'empara de leurs âmes, à l'aspect de ses efforts et de son courage.

Malgré le renfort que Jean Stoub s'était procuré en armant les prisonniers, il se trouvait encore le plus faible : entouré de l'intrépide Kéfalein, de l'évêque, de Castriot, et des plus braves des habitans de Casin-Grandes, tous ses efforts tendaient à faire périr Nicol son adversaire. Ce dernier et Michel l'Ange encourageaient leurs soldats en promettant des récompenses; Michel l'Ange surtout redoublait de valeur, de zèle et de gaieté, car il sentait que ce combat d'un instant devait ou le faire réussir dans ses desseins, ou les ruiner; et comme les Casin-Grandésiens y voyaient aussi leur perte ou leur salut, on peut juger de l'acharnement avec lequel on combattait.

Jean Stoub avait choisi une position qui augmentait encore le désespoir de sa troupe, car il était adossé contre un mur, et les gens de Nicol l'entourant de toutes parts, on ne pouvait se reculer pour reprendre haleine; il fallait triompher ou se résigner à périr. Jean Stoub, vaillamment secondé d'Hilarion et de Castriot, formait, avec l'élite de nos héros, un groupe, qui, partout où il se portait, fesait pencher la balance en faveur des Cypriotes. Enfin, comprenant de quelle importance il était de se saisir de Nicol, puisque lui seul avait les clefs de la prison du prince, et que si l'on pouvait s'en emparer, on ferait sauver Jean II pendant le combat, quitte à périr;

le Barbu, Castriot et l'évêque entourèrent le lieutenant et s'acharnèrent sur lui. Michel l'Ange ne chercha point à le défendre, car il se défiait de Nicol; il feignit d'attaquer Bombans, et ne cessa cependant d'avoir l'œil sur le lieutenant.

Castriot se désespérait, parce que son fameux sabre était cassé, et qu'il ne maniait pas aussi bien l'épée; mais, saisissant le moment où Nicol se défendait contre l'évêque et Jean Stoub, il le tourna, et sans s'inquiéter des coups qu'il recevait de ceux qui protégeaient leur chef, il lui plongea son épée à travers son gorgerin; Nicol tomba en prononçant un effroyable juron.

La vue de la mort du lieutenant, loin de calmer le combat, alluma une rage nouvelle dans le cœur de ses amis, et l'on défendit son corps comme celui de Patrocle dans l'Iliade; mais il arriva un malheur plus grand que celui de l'Iliade.

En effet, aussitôt que Michel l'Ange vit tomber Nicol, il se précipita sur lui, avec la célérité de l'aigle qui fond sur sa proie, et il s'empara des clefs avant Castriot, dont les membres disloqués ne permirent pas qu'il gagnât l'Italien de vitesse : avant que l'Albanais eût retiré son épée, le Vénitien avait pris les clefs, et les soldats s'étaient saisis du corps de Nicol, sur lequel on s'acharna comme des corbeaux dévorant un cadavre.

A peine Michel l'Ange eut-il les clefs, que, semblable à un loup chargé d'un agneau, il traversa tous les combattans, en baissant la tête et ne s'arrêtant pas pour venger les coups qu'il reçut : il se dirigea vers les cachots avec une ténacité et une ardeur qui firent frémir les Casin-Grandésiens.

Aussi, en voyant la manœuvre de l'Italien, l'héroïque Bombans et Castriot l'intrépide, rassemblèrent leurs forces, et coururent après Michel l'Ange avec toute la rapidité que leurs blessures leur permirent.

Mais le Vénitien avait sur eux une assez grande avance; et, se voyant poursuivi, il s'élança vers la porte principale des prisons avec une telle vélocité que quand l'Albanais et l'intendant y arrivèrent, ce fut pour sentir le vent de la porte, que le rusé Michel l'Ange ferma avec force, et pour entendre le bruit des verroux.

Les deux serviteurs du roi de Chypre poussèrent ensemble un grand gémissement et un cri de désespoir, que le tumulte des armes empêcha d'entendre; les combattans mêmes ne virent pas cet épisode. Bombans et Castriot se regardèrent avec une profonde tristesse, et ce regard équivalait à l'oraison funèbré de Jean II et de Clotilde; mais, la rage s'emparant de leurs cœurs, Castriot saisit un morceau de bois et se mit à ébranler la porte et la voûte; Bombans se désespérait de ne pouvoir aider l'Albanais, puisque ses mains souffrantes ne le lui permettaient pas; il laissa Castriot faire à lui tout seul le siége de la porte, et il se replia sur le gros de l'armée pour chercher du secours.

Mais, hélas! le parti de Jean Stoub, malgré tout le courage des Cypriotes, venait de succomber sous l'élan que la mort de Nicol avait imprimé aux brigands,

Le Barbu, cerné par le parti Nicollien et tout vaincu qu'il était, haranguait ses compagnons vainqueurs pour les engager à se ranger du côté du roi de Chypre. Hélas! ces âmes sans vergogne, n'écoutant rien, et alléchées par le pillage des trésors du Mécréant, désarmaient impitoyablement les Casin-Grandésiens qui se voyaient dans les fers et près de la mort pour la seconde fois. La lueur d'espoir qui venait de briller, le moment de liberté qu'ils eurent, ne servirent qu'à leur rendre ce dernier pas dans le malheur plus cruel encore. L'évêque et Kéfalein seuls se défendaient avec une rare intrépidité et un sombre courage qui disait assez qu'ils avaient juré de mourir les armes à la main, pour ne pas survivre au roi Jean II et à Clotilde.

Au milieu de ce désordre, Josette et Marie fesaient leur partie en se signalant par des cris qui retentissaient dans toute la forteresse : elles couraient dans la cour en sanglottant et s'arrachant les cheveux. Quant au docteur, il aperçut la poterne ouverte, et il s'y dirigea afin de sauver sa petite machine rondelette de ce nouvel esclavage.

Tout-à-coup, l'on entend le bruit sourd des pas précipités d'une nombreuse cavalerie; elle arrive silencieusement; mais, alors que les brigands, ainsi que leurs captifs, prêtent l'oreille avec attention, un effroyable cri de : « *Montjoie Saint-Denis!....* » retentit à la poterne : « *France!... France!... Montjoie Saint-Denis!.....* » Trousse effrayé se recula et se blottit dans une chaudière vide, en se hasardant à lever la tête quand l'escadron fut passé.

Rapides comme les éclairs d'un orage et furieux comme le vent qui pousse les tempêtes, les chevaliers entrent dans la cour au grand galop, et chargent les brigands avec une impétuosité qui ne leur laissa pas le temps de se reconnaître ; le parti Cypriote reprend courage, crie : « Vive le chevalier Noir ! » et sur les ordres de l'évêque et de Kéfalcin, il décrivit une courbe savante qui cerna le parti Nicollien. — Se saisir des brigands, les mettre hors d'état de faire la moindre résistance, s'emparer de tous les postes de la forteresse, fut l'affaire de moins de temps que je n'en mets à le dire. Pendant ce temps, deux mille hommes de troupes investissaient le château, s'élançaient dans les fossés, et enfonçaient le pont-levis qu'on se hâta d'aller baisser.

Alors un cri de : « *victoire !*

victoire! » s'éleva subitement, et retentit dans les airs : il pénétra jusques dans les souterrains du château. — Le religieux Monestan s'agenouilla dans un coin, tendit ses mains au ciel, et il y éleva ses humbles prières, sans faste, sans intérêt; aussi, son vertueux encens monta vers le trône céleste, et fut agréable à l'Éternel.

On précipita les brigands dans le souterrain où naguère ils avaient confiné les Casin-Grandésiens, et la cour n'offrit plus que le spectacle de la joie et de gens qui embrassaient leurs libérateurs; Josette et Marie sautaient au col de Jean Stoub; et ce dernier mettait en ordre de bataille les brigands fidèles à la vertu et les Casin-Grandésiens.

L'évêque et Kéfalein, ainsi que les plus marquans de la petite cour du roi de Chypre, entouraient le chevalier Noir. Il était entre le vieux guerrier que Raoul rencontra naguère et entre le comte de Foix.

Aussitôt que Monestan eût terminé ses actions de grâce, et prié Dieu d'excuser ceux qui oubliaient de le faire, sa seconde pensée fut pour son prince; il le chercha des yeux et ne le vit point.

— Où est le roi?... où est la princesse?.... s'écria le vieillard.

Ces mots et l'inquiétude peinte sur le visage du premier ministre, arrêtèrent l'essor de la joie, chacun se regarda et scruta tous les coins de la cour.

Le silence de la stupeur régna parmi cette assemblée, un secret pressentiment erra dans les âmes des Cypriotes, et alors on entendit Bombans qui ne cessait de crier au secours; l'on vit Castriot, dont la force ne pouvait ébranler la fatale porte.

On se souvint de Michel l'Ange et l'on trembla. Jean Stoub, accompagné de deux soldats, courut avec des haches d'armes pour aider l'Albanais qui rugissait de rage. Pendant ce temps, Kéfalein mettait le chevalier Noir au fait des événemens qui venaient de se passer; et rien n'égala la douleur et le désespoir de l'amoureux chevalier quand il apprit le danger dans lequel se trouvait la princesse Clotilde, sa chère fiancée. Ses yeux se fixèrent sur la porte, comme tous ceux des spectateurs; et l'on attendit avec anxiété le résultat des efforts du fidèle Albanais.........................

CHAPITRE XXVIII.

Avouez, monseigneur, que John était un rude coquin.

(TAYLOR.)

Comment ne serait-on pas bienfaisant, quand les bienfaits se payent ainsi.

(SIRIUS.)

De mon pays je reverrai le ciel.

(Poëme de *Moïse sauvé.*)

AUSSITÔT que Michel l'Ange eut barricadé la porte principale des prisons, il fut, comme on doit le penser, au comble de la joie en songeant que rien ne l'empêchait plus d'accomplir sa mission et qu'il n'était point obligé de partager avec un complice, le prix du sang qu'il brûlait de répandre. En entendant les coups réitérés que Castriot donnait à la porte, il jugea qu'il n'y avait pas un instant à perdre.

Il se mit donc à parcourir les sombres profondeurs des souterrains, en cherchant le cachot où se trouvaient le prince et sa fille. Il remua le trousseau de clefs, et s'assura que les diverses cellules de pierre avaient chacune la leur; alors il se rapprocha de la porte principale pour examiner les clefs à la faveur du faible jour qui se glissait par les fentes, et bientôt il s'aperçut qu'elles étaient soigneusement numérotées; ce dont il rendit grâce au diable!...

Il revint dans le corridor humide en écoutant à la porte de chaque caveau, se doutant bien que le prince et sa fille trahiraient leur présence par quelques paroles ou quelques soupirs, et il marcha légèrement en comptant les cachots et en maudissant le bruit épouvantable que faisait Castriot qui tâchait toujours d'enfoncer l'entrée de la cave.

Jean II et Clotilde, assis sur un banc de pierre glacé, le seul siége qui fût dans leur horrible demeure, prêtaient une oreille attentive au bruit des armes qui retentissait sourdement dans la noire enceinte de cette tombe anticipée ; et, sur ce bruit léger, le prince concevait un reste d'espoir, auquel sa tendre fille était bien indifférente : l'image du bel Israélite mourant dans les tourmens l'occupait tout entière et sa pose était celle de la stupeur.

Au cri de : « Montjoie Saint-Denis ! » qui parvint à l'oreille exercée du prince, il s'écria :

— Ma fille... nous sommes sauvés !... nous entendons les cris de guerre ou plutôt les cris de triomphe du chevalier Noir.

Clotilde soupira, et répondit avec un accent de dépit : « Nous lui devrons donc trois fois la vie !..»

— Écoutons, ma bien-aimée ?

l'on brise les portes de ce souterrain !....

Entendant ces mots, Michel l'Ange s'écria :

— Ah ! ils sont ici !... Victoire, victoire, ils se sont trahis eux-mêmes!...Grand merci, Lucifer?...

— L'on nous cherche, continua le prince, qui distinguait le bruit des pas légers de l'Italien, et il s'empressa de frapper sur la porte en criant de toutes ses forces : C'est ici, Castriot, Castriot !...

— Oui, oui, Castriot !... attends-le ?... répéta ironiquement l'Italien, en introduisant diverses clefs dans la serrure. Par St.-Marc, je n'en trouverai pas la clef ! Oh !

Notre-Dame-de-Lorette, je vous promets un *ex-voto* d'argent si je rencontre cette maudite clef ! Que le tonnerre m'écrase !... aide-moi donc Satan, car je fais le mal !.... ô mille diables !....

— Ma fille !... dit tout bas le monarque, surpris de ces paroles, quels sont les accens que nous entendons ?

— Mon père, est-ce que j'entends quelque chose ? .... répondit-elle naïvement.

— Pour le coup ! je tiens les deux millions de la sérénissime république, Sainte-Vierge vous aurez un *ex-voto* d'argent ! .... s'écria le Vénitien, au comble de la joie, et il fit gronder la serrure rouillée du cachot.

A ces paroles, le monarque reconnut Michel l'Ange, et d'un seul jet de pensée, il devina le sort qui l'attendait. Aussitôt, le vieillard saisissant Clotilde, la coucha par terre entre le banc de pierre et la muraille, en lui recommandant le plus profond silence; et le généreux prince s'en remit, pour lui-même, à la Providence qu'il invoqua.

Soudain la porte s'ouvre, et Michel l'Ange, tenant d'une main son épée et de l'autre prenant son poignard, barra le passage par son corps en s'écriant :

— A mort les amis ! dites toutefois votre *confiteor*, car je ne veux pas avoir à me reprocher la damnation de vos âmes! j'ai l'absolution du reste. Allons dépêchons?...

Le rusé Vénitien comptait que le monarque et sa fille, entendant ouvrir la porte, se seraient précipités sur son épée; mais les deux prisonniers gardèrent le plus grand silence. Si le moindre jour eût pénétré dans le cachot, Jean II et sa fille auraient déjà subi leur sort; et, ce fut l'horreur même de cette prison qui les servit; car, l'Italien n'y voyant pas, craignit, s'il abandonnait son poste, de laisser enfuir ses victimes, et il se contenta de sonder le cachot en avançant son épée de tous côtés, pour chercher dans quel endroit était le prince.

Cette investigation dura quelques minutes, et le suppôt du diable, entendant les violens coups de hache qui faisaient voler la porte en éclats, ferma celle du cachot; et, réfléchissant que ses victimes étaient sans armes, il s'élança dans l'intérieur en présentant son épée. Jean II, habitué par sa cécité à juger de l'approche des corps, soit par l'air qu'ils chassent, soit par le plus ou moins de bruit, avait l'avantage dans cette lutte; et, telle impétuosité, telle lenteur que l'adroit Italien mit à cette poursuite, le prince, soit hasard, soit adresse, se trouvait toujours éloigné de la pointe fatale. Quant à la belle Clotilde, protégée par le banc de pierre que Michel l'Ange prenait pour le mur, elle ne courait aucun danger.

Lassé de cette lutte et impatienté, le Vénitien furieux s'écria :

— Ah ça, me prenez-vous pour un cheval de manége ?.... Ayez de la complaisance, mon prince ?.... Ne voyez-vous pas que tôt ou tard vous devez succomber ? . . . Prêtez-vous-y de bonne grâce, je vous égorgerai le plus doucement, le plus honorablement qu'il me sera possible ? . . . et quant à la princesse ? . . . qu'elle se rassure, je lui réserve une jolie mort . . . . ce sera un trépas de sybarite ; une fois en ma vie, je veux être galant, et elle ne s'apercevra pas de sa mort, car elle s'évanouira de plaisir ! . . .

En achevant ces paroles, l'Italien, furieux de cette résistance inattendue, leva son épée et frappa de tous côtés avec tant de précipitation, que le prince fatigué d'une si longue lutte résolut de la terminer. Jean II s'élança sur son perfide assassin et, rassemblant tout ce que l'âge lui laissait de force, il saisit Michel l'Ange, et le serrant contre la muraille, il s'écria : — Clotilde, ma fille ! sauvez-vous, vous en avez le temps ?

La jeune fille rampa de son mieux, ouvrit la porte, et se jeta dans le souterrain en appelant au secours de toutes les forces de sa douce voix, qu'elle tâchait en vain de rendre éclatante... car les faibles sons se perdirent sous les voûtes de pierre qui retentissaient à peine...

Le prince, ne pouvant pas soutenir long-temps l'énergie que lui avaient inspirés le danger de sa fille chérie et le désir de la sauver, fut bientôt terrassé par Michel l'Ange, et ce dernier, levant son épée, l'enfonça dans le corps du prince abattu, en s'écriant : « Et d'un!... »

Il courut le poignard levé sur Clotilde, qui, semblable à un mouton parcourant l'abattoir, errait toute échevelée dans le souterrain...

A ce moment, la porte fut brisée, et Jean Stoub, Castriot, Bombans et le chevalier Noir, se précipitèrent avec des flambeaux qui jetèrent une clarté soudaine dans ces horribles lieux. L'on aperçut la jeune fille prête à être atteinte du poignard de Michel l'Ange au désespoir !... Mais dans le lointain caverneux de ce souterrain coloré d'une lueur rougeâtre, l'on entrevit indistinctement une grande ombre se mouvoir, et courir sur l'Italien avec la rapidité d'un spectre vengeur... C'était Jean II, qui, muni de l'épée du Vénitien, volait au secours de sa fille. L'arme avait glissé sur un bouton de sa dalmatique.

Aussitôt, en un clin d'œil, Jean Stoub et Bombans s'emparèrent de Michel l'Ange ; et, plus rapide qu'eux, Castriot, saisissant sa bienfaitrice dans ses bras disloqués, l'avait transportée à l'entrée du souterrain.

— Sauvez mon père !.... mon père !... s'écria-t-elle : et cependant, ses regards inquiets cherchaient, parmi la foule répandue dans la cour, son cher Nephtaly : un torrent de pleurs s'échappa de ses beaux yeux, quand, après avoir parcouru la multitude, elle ne le vit pas, car le coup-d'œil d'une amante est rapidement scrutateur !...

Bientôt, Jean II ne tarda pas à

paraître suivi du chevalier Noir, et de Bombans et Jean Stoub qui contenaient l'Italien perfide. Le monarque se trouva dans les bras de sa fille chérie qui l'embrassa avec transport en laissant tomber une larme brûlante sur la joue du monarque; les ministres, le vieillard étranger, le comte de Foix et les principaux seigneurs attendris vinrent se joindre à ce groupe.

Je voudrais pouvoir dépeindre le cri de joie qui s'éleva dans ce moment; tous les soldats, les chevaliers, les brigands convertis et les Casin-Grandésiens formèrent, autour de la porte des prisons, un demi-cercle curieux et immobile. Monestan et

Castriot ne se lassaient pas de voir leurs maîtres chéris qu'ils crurent à jamais perdus.

Après ce premier moment de joie, le chevalier Noir prit la main de sa fiancée, le comte de Foix prêta le secours de son bras au monarque, et l'on s'achemina vers la salle basse du Mécréant que deux soldats nettoyèrent à la hâte. Ce fut devant cette assemblée imposante que l'on amena Michel l'Ange: il fut condamné tout d'une voix à être pendu.

— Repentez-vous au moins? lui dit Monestan.

— J'ai l'absolution, répondit-il en souriant; je savais bien, continua-t-il, que je finirais en l'air, mais je ne croyais pas que cela vînt sitôt!.. Au reste, bonsoir la compagnie!... à demain... nous nous reverrons!...

On le conduisit à la potence où il monta gaîment, et lorsque son col fut inséré dans la dernière cravatte qu'il devait porter, il rassembla ses forces pour sourire encore aux assistans, et il s'écria :

— L'on m'avait bien prédit que je finirais par devenir évêque.

— Que veux-tu dire ? reprit Jean Stoub.

— Eh bien! ne voyez-vous pas que je donne la bénédiction avec mes pieds!... En disant cela, Michel l'Ange agita sa jambe droite en faisant le mouvement d'un prêtre qui bénit une assemblée, et ce geste ironique fut son dernier. Toutefois il répéta faiblement encore : « J'ai l'absolution !. . . » et il expira en riant.

Telle fut la fin d'un homme à qui la nature prodigua les qualités les plus brillantes et qui se serait distingué s'il ne les avait pas tournées vers le mal !. . .

Revenons à la salle basse du Mécréant ? Je vais tâcher de raconter le plus succinctement possible tous les événemens qui se passèrent alors.

Clotilde, toujours triste et les yeux pleins de larmes, n'apercevait point les caresses respectueuses et la contenance suppliante du che-Noir qui, gardant entre ses mains tremblantes la main de Clotilde, s'étonnait de ce que la princesse pensive ne lui eût pas retirée.

Cependant, il lui était imposible de ne pas lire sur le visage de la fille jeune que ses attentions dédaignées indiquaient qu'elle était en proie à un sentiment profond... et du reste, avait-il pu oublier son rival du tournoi !.....

Se tournant alors vers le roi de Chypre, il dit :

— Monseigneur, je me reproche bien vivement le retard que j'ai mis à venir assiéger cette forteresse ; ce délai causa votre infortune, et le pillage de vos trésors.... mais j'espère que nous allons les retrouver... cependant j'ose à peine réclamer votre promesse.

— Mon fils, répondit le monarque en plaçant la main du chevalier Noir sur son cœur, je ne l'ai point oubliée et demain la chapelle de Casin-Grandes entendra vos sermens!....

Clotilde tressaillit, et plusieurs larmes roulèrent, malgré elle, sur ses joues appâlies... Le chevalier Noir lui saisit la main et lui dit à voix basse : « Je fais donc votre malheur !.... » et, pour toute réponse, la jeune vierge n'en pleura que davantage.

Jean II fut le seul qui ne put voir cette scène muette qui surprit tous les spectateurs.

Au milieu de cette assemblée, le vieillard inconnu jouissait d'un indicible plaisir, il regardait les murs du château, les parois de la salle, les meubles, le plancher avec l'air d'un banni, qui, rentrant dans sa patrie après longues années, examine le moindre hameau et respire l'air des routes avec une jouissance dont on n'a pas d'idée.

Le chevalier Noir, ne sachant quelle contenance tenir et plein de tristesse, s'avança vers ce vieillard sur lequel l'attention se fixa, et, lui prenant la main avec une visible émotion, il lui dit d'une voix altérée :

— Comte Enguerry, il n'est pas en mon pouvoir de vous rendre vos domaines florissans.... votre perfide lieutenant les a ravagés! mais, vous y ferez bientôt refleurir le bonheur et l'abondance, et, comme l'état dans lequel vous les trouvez, ne vous permettra pas d'en percevoir les revenus de quelque temps, j'espère que vous vous souviendrez que vous avez des amis!.....

— Hé quoi, *prince!*...

— Chut!... s'écria vivement le chevalier Noir en posant un doigt sur sa visière à l'endroit de la bouche.

— Hé quoi *chevalier*, reprit habilement le véritable comte Enguerry, faut-il que je vous doive la liberté, ma rançon, mes biens, et que je me revoie dans le château de mes pères, sans pouvoir m'acquitter !.... et quand je le voudrais le puis-je jamais !

— *Chevalier*, ajouta-t-il d'un air pénétré : je suis votre féal !... oserais-je dire votre ami !....

Le chevalier Noir lui ouvrit ses bras, et le vieux Enguerry s'y précipita.

— Allez, je suis payé !... dit le chevalier Noir, car rien ne vaut un ami véritable !..... Et il regarda Clotilde.

Le plus grand étonnement régna dans l'assemblée, et chacun s'empressa de féliciter le comte Enguerry d'être revenu de sa captivité, et il n'y eut pas un Chevalier qui ne lui offrît sa bourse et son amitié.

— Sire, dit le comte Enguerry en s'avançant vers le roi de Chypre, la journée est assez avancée, et j'espère que vous me ferez l'honneur de rester au moins jusqu'à ce soir dans mon château; votre présence, celle de votre fille et de ces nobles seigneurs le purifiera, et rendra mon installation plus mémorable.

Jean II était beaucoup trop fatigué pour refuser, et le comte Enguerry fut au comble de la joie.

Le comte sortit, et maître Taillevant, saisissant l'occasion de faire briller son art, mit son escadron culinaire en bataille; il offrit au comte son digne élève, Frilair, comme capable de remplir la place de cuisinier en chef; Frilair fut promu sur-le-champ.

Aidé de Bombans, de Jean Stoub et de Taillevant, le comte Enguerry choisit, parmi les brigands convertis, les Casin-Grandésiens et les paysans, des gens qui devinrent des serviteurs fidèles.

Aussitôt, Bombans tout le premier se mit à la tête de l'organisation du château, et imprima son infatigable activité à toute cette troupe dévouée.

Le chevalier Noir, Jean Stoub, le comte Enguerry, le comte de Foix, l'évêque et Castriot, parvinrent à découvrir l'endroit où le faux Enguerry cachait ses trésors : ceux du roi de Chypre furent restitués, et Bombans, sur le commandement de Monestan, les chargea sur les mêmes chariots qui les avaient apportés, et s'en retourna suivi des Casin-Grandésiens et de tous les Cypriotes, travailler à la restauration de Casin-Grandes, pour que le roi Jean II le retrouvât dans son primitif éclat.

Le chevalier Noir autorisa Hercule Bombans à emmener quelques uns de ses soldats, pour que cette opération fût faite avec la promptitude d'une féerie; puis il chargea son écuyer, jeune homme leste, brillant, beau, bien fait, d'aller veiller et présider à tout.

Au milieu de ce mouvement, Clotilde, toujours triste et navrée, ne cessait de penser à son bien-aimé, et elle regardait l'endroit où il s'était placé dans cette salle, avant d'aller au supplice. Josette se tenait à côté de sa maîtresse, et Marie, revenue à la raison, après avoir impatienté son fils en le suivant partout comme son ombre, s'était, sur sa prière, résignée à rejoindre Clotilde, dont elle ne concevait point la douleur.

Castriot, gravement affligé de l'état de sa bienfaitrice, tenait le tronçon de son sabre, et marchait en long et en large devant la princesse, comme un soldat en faction.

Jean II s'entretenait avec le comte de Foix, le connétable et les principaux seigneurs.

Cependant le château reprenait un air de grandeur et de décence, par les soins et les efforts d'une troupe de valets, que Jean Stoub, Taillevant et Frilair fesaient mouvoir, et dirigeaient avec une habileté sans pareille.

Bientôt une table fut dressée dans la cour, et un repas, tout aussi splendide que le permettaient les circonstances, fut servi au roi de Chypre, à sa cour et aux chevaliers.

L'on distribua, aux soldats et à la foule, les provisions accumulées par le Mécréant, et la pelouse, qui se trouvait devant le château, fut animée par le gai spectacle de cette multitude, riant, buvant, et se livrant à la joie la plus démonstrative, en l'honneur du mariage du chevalier Noir, de la délivrance du roi Jean II, et du retour du comte Enguerry.

Ce dernier observa pendant le repas, que Bombans et ses gens ne seraient pas arrivés assez tôt pour préparer les appartemens de Casin-Grandes, et il obtint que le roi de Chypre, sa cour, les chevaliers et les troupes resteraient jusqu'au lendemain soir.

Je passe sous silence le détail inutile de cette journée, pendant laquelle Clotilde fut toujours muette, passive, triste, au milieu des témoignages de joie que chacun donnait.

Le chevalier Noir éprouva même plusieurs fois la brusquerie de sa fiancée : la douceur inaltérable de l'heureux caractère de Clotilde s'affaiblissait, son charmant visage prenait une funeste expression, et son père ne fut pas le dernier à remarquer le changement de ses manières, de sa voix, et de ses paroles.

Lorsque Josette lui présenta son époux, son cher le Barbu, elle lui dit, avec l'accent le plus touchant :

« Vous êtes heureuse, Josette!...»

Enfin le soir du départ arriva ; le comte Enguerry, jaloux d'assister à l'union du chevalier Noir son libérateur, confia le soin de son château à son écuyer, et l'on se mit en route pour Casin-Grandes, sur l'avis que le bel écuyer du chevalier Noir vint donner, que ce château était préparé pour recevoir Jean II.

Ce départ eut quelque chose d'imposant et de triomphal : la route, garnie dans toute sa longueur d'une haie de paysans accourus au bruit de ces événemens, avait l'air d'une prairie émaillée, où l'on aurait frayé un sentier.

Ce spectacle était trop rare pour que les habitans ne vinssent pas en jouir, et remercier le chevalier Noir d'avoir délivré la contrée de son cruel fléau.

Ces bons Provençaux, ces fidèles sujets, tenaient tous des torches, ce qui répandit une lueur insolite, qui rendait le chemin comme enflammé.

S'avançant au milieu de ce torrent de lumière, les deux mille soldats précédaient la cour du roi de Chypre, à la tête de laquelle le bon connétable, entouré de ses trente chevaux, se fesait remarquer par les caracoles que son cher Vol-au-vent décrivait avec une rare aisance.

Au milieu du groupe des seigneurs, on admirait la pâle Clotilde montée sur un cheval superbe et fier de la porter, le chevalier Noir en tenait les rênes avec une attention amoureuse; laissant négligemment flotter les guides de son coursier, qui bondissait sous lui, il semblait l'abandonner pour veiller au fougueux animal qui portait la princesse. Ces soins empreints d'amour, ses yeux brillans à travers sa visière serrée, son casque, ses belles plumes noires penchées, l'air de majesté qui régnait dans son ensemble, cette abnégation, et cette manière tendre de courber avec dignité tous ses sentimens devant le sceptre de la beauté, enfin la lumière inusitée qui fesait resplendir ses armes bronzées, lui attirait tous les régards, et la vue se reposait agréablement sur ce spectacle qui renfermait toutes les harmonies, toutes les joies, et les espérances de la vie : deux amans que l'on allait unir!...

Clotilde levait de temps en temps ses beaux yeux vers le ciel, elle les laissait tomber rarement sur le pauvre chevalier, et à chaque instant elle regardait avec inquiétude, avec effroi même, le concours du peuple qui affluait, et ses yeux perçans y cherchaient un être qui ne se présenta point. A la colline des Amans, Clotilde dévora les larmes qui vinrent inonder ses yeux, et contemplant la place où elle rencontra le beau Juif, sa tristesse en redoubla.

Le monarque suivait sa fille; le comte de Foix, Monestan et

les principaux seigneurs l'entouraient. La foule, après avoir vu Clotilde et le chevalier Noir, contemplait encore avec plaisir le prince et son ministre, dont la bienfaisance était connue.

Quant à l'évêque, il courait de rang en rang, et jouissait du spectacle admirable, pour lui, de deux à trois mille hommes en ordre de bataille.

— Quand en verrai-je trente mille!... disait-il à Kéfalein, qui hochait la tête et plissait ses deux lèvres en manière d'approbation.

Les cent cinquante chevaliers commandés par le comte Enguerry, fermaient le cortége, que suivait une foule immense, aux acclamations de laquelle l'on entra dans Casin-Grandes illuminé.

CHAPITRE XXIX.

Je suis Lindor, ma naissance est connue.

(ROMANCE.)

Les mourans n'ont besoin que d'une pièce d'or pour payer leur passage, voilà pourquoi je t'ai légué ma fortune, ingrate Fanny.

(HANS. WALL.)

Helas! c'estoyent dez nopces, mais sans danses;
C'estoit un lict, mais lict sans accordances :
D'hymnes chantez, nul poëte on n'y uit,
Qui du sacré mariage escriuit.

(MAROT, *poëme de Léandre.*)

LE chevalier Noir aida Clotilde à descendre de cheval, et toute la cour se rendit au salon rouge qui, à quelque chose près, était tout aussi brillant qu'auparavant. En traversant Casin-Grandes, chacun fut surpris de le retrouver absolument semblable, tout y avait repris sa place comme s'il n'y avait jamais eu de pillage.

L'on doit se figurer la joie du bon prince, en rentrant dans son palais; il n'avait désormais plus rien à craindre de personne, et tout à espérer de la force et du pouvoir que paraissait avoir l'inconnu qui se présentait pour épouser Clotilde.

Ici, lecteurs, je puis dire avec Virgile, qu'il s'ouvre un autre ordre de choses, et je pourrais, tout comme lui, faire une invocation : il n'y aurait entre nous deux que la petite différence qui se trouve entre le bien et le mal, et si je ne m'écriais pas :

Nunc age qui reges Erato...
Tu, vatem, tu, diva, mone...
....
Major rerum mihi nascitur ordo.

je pourrais fort bien croasser dans mon délire :

» O muse nouvelle, pleine de » jeunesse et de grâce, qui présidez » aux compositions romantiques ! » Muse, qui dictiez à Goëthe, son » Werther; à Staël, sa Corinne ; » Atala, Réné, Paul et Virginie, » le Corsaire, daignez jeter un re-

» gard de protection sur ce qui me
» reste à dire des amours de Clo-
» tilde et du beau Juif? donnez-moi
» l'audace, la hardiesse? élancez-
» moi dans des champs inconnus
» de l'idéal et de l'immense, ou
» mieux que tout cela, mettez dans
» mon cœur cette exquise sensi-
» bilité, le charme de la vie? »

Amis, redoublez d'attention, le dénouement s'approche, et c'est ici, que je puis dire que la toile se lève pour le cinquième acte, et la dernière décoration.

Quoique la nuit fût fort avancée, le roi Jean II, en entrant dans son salon, fut s'asseoir sur son trône; les ministres l'entourèrent, et le vaste salon, magnifiquement éclairé, put à peine suffire à contenir les chevaliers et les principaux seigneurs.

Castriot et Jean Stoub, à la tête des cent cinquante hommes qui, par l'enrôlement des brigands convertis, composaient la garde du prince, remplissaient la salle d'armes et les escaliers, et jamais le château n'avait eu autant de grandeur et n'avait donné l'idée de la puissance royale comme en cet instant.

Le chevalier Noir assis à côté du trône regardait tristement Clotilde; le chagrin profond empreint sur la figure de la jeune fille, et la douleur que trahissait son maintien, blessait l'âme généreuse du chevalier : prenant une résolution pleine de grandeur, il se leva, s'avança vers l'assemblée, fit signe de la main, et se retournant vers Jean II, il lui dit :

« Prince, voici le moment d'ac-
» complir votre promesse; mais,
» je ne vous en somme pas encore,
» et j'attendrai les réponses de
» madame! »

Regardant alors la princesse, le chevalier s'écria d'une voix retentissante :

« Clotilde, je vous rends à vous-
« même, vous êtes libre, parfaite-
» ment libre, je ne veux être votre
» époux que pour faire votre bon-

» heur. Consultez donc votre âme?
» et voyez si vous m'apportez en
» dot, non pas un empire, mais un
» cœur dont tous les sentimens
» soient pour moi !.... M'aimez-
» vous ? »

A ces mots, qui surprirent l'assemblée, tous les yeux se tournèrent sur Clotilde ; on la vit successivement pâlir et rougir : enfin, elle se leva, fit quelques pas, resta immobile, sans rien dire, mais prête à parler, et un singulier silence régna pendant quelque temps.

Alors, la chouette cria d'une manière si lamentable, que chacun en fut frappé, et tressaillit involontairement : ce chant funèbre et comme solemnel semblait être la réponse de la jeune fille.

Pour elle, en entendant cette musique augurale, un froid glacial pénétra tout son corps, elle regarda le chevalier Noir, et répondit d'une voix tremblante et faible :

— La reconnaissance, sire chevalier.....

— La *reconnaissance seule* madame!...interrompit celui-ci d'un ton pénétré....

Clotilde rougissant, et sentant combien son espérance était vaine, songeant que rien n'empêcherait le chevalier d'être son époux, reprit en ces termes : mais ses paroles dénuées, comme ses yeux, de cette chaleur que donne l'amour, tombèrent une à une.

— Je consens à vous donner ma main... sire chevalier, vous ne me devez qu'à ma propre volonté, et vous m'avez conquise par vos marques d'amour, et par vos services; mais souffrez que je réclame un jour de solitude... Après quoi, sire chevalier, vous pourrez me conduire à l'autel, et je jure, qu'alors, vous aurez une épouse fidèle, qui ne vous donnera jamais de chagrin.

Aussitôt le chevalier, saisissant la main de la princesse qu'il serra avec toute la force du dépit, lui dit à l'oreille :

« Perfide!... ô mille fois perfide,

d'où vient donc votre pâleur?...»

Clotilde, dégageant sa main avec un air de dédain, se recula de trois pas, et regardant le chevalier avec colère, s'écria :

—Je suis libre encore, sire chevalier, et ce n'est que dans trois jours que vous aurez le droit de m'interroger !...

— C'est vrai, madame, répliqua, l'étranger; il paraît que nous avons tous deux des secrets, car ce n'est que dans trois jours que les sermens qui me font rester caché doivent expirer; mais du moins, continua-t-il enflammé de colère, je puis vous nommer votre époux.

Alors le chevalier se tournant du

côté du roi Jean II, du comte de Foix et du comte Enguerry, leva sa visière, et s'écria d'une voix sonore:

Je suis Gaston II, comte de Provence!

Le monarque tressaillit de joie, ainsi que ses ministres. Les plus vives acclamations accueillirent ces paroles, mais elles furent un coup de foudre pour Clotilde; elle tomba évanouie dans les bras de Kéfalein, de Monestan et de l'évêque.

— Ramenez-moi dans la grotte du Géant!... s'écria-t-elle en délire, lorsqu'elle revint à elle, que je le revoie... Non, non, transportez-moi dans mon appartement.

La plus vive inquiétude régna dans l'assemblée, le comte de Foix entraîna dehors le prince Gaston en lui parlant avec vivacité, comme pour le calmer. Jean II seul était impassible sur son trône ; malgré son amour pour sa fille, le visage du monarque indiquait la sévérité. La nuit étant très-avancée, chacun se sépara en s'entretenant du singulier évanouissement de la princesse : les uns le prenant pour une preuve d'amour, les autres pour une marque d'aversion ; la vérité est que Clotilde, en entendant le nom du prince, vit toutes ses espérances se renverser ; l'impossibilité d'échapper à cette union commandée par la politique et la reconnaissance, devint palpable : jusque là, Clotilde avait conservé l'espoir du contraire; elle s'était flattée que l'incognito du chevalier Noir couvrait un homme plein de qualités brillantes, mais de basse naissance, et que cette circonstance suffirait pour la sauver.

Les nobles hôtes du roi de Chypre se retirèrent dans leurs appartemens, et le plus profond silence, le silence de la nuit envahit le château.................

Castriot et Jean Stoub veillent dans la galerie, et leurs pas seuls retentissent sous les voûtes... je me trompe? on entendait encore le murmure de plusieurs voix confuses qui résonnaient dans le cabinet du prince.

En effet Jean II, en rentrant dans ses appartemens, fit appeler ses ministres, et, au milieu de la nuit, il se tint un conseil tellement secret, que rien n'en ayant jamais transpiré, je me vois, comme historien, dans le plus grand embarras; je ne sais ni ce qu'il y fut agité, ni les discours, ni les opinions des trois ministres; tout ce que je puis dire, c'est que Trousse, Josette, Bombans, furent successivement éveillés et introduits dans le sein du conseil, par les soins du premier ministre. Mais Castriot ayant menacé de couper la tête à ces trois personnages, s'ils ouvraient la bouche pour parler de Nephtaly, il est à croire que, si ce fut sur Clotilde que roulait le conseil, le roi et les ministres ne purent pas tirer grande lumière des révélations de ces trois serviteurs.

Revenons à la princesse ? Appuyée sur les bras de la fidèle Josette et de Marie, elle avait regagné lentement son appartement. Arrivée à l'entrée, l'on ne put ouvrir, la clef manquait : partout on la cherche, mais vainement, elle ne se trouvait point. Clotilde, succombant à sa fatigue morale et physique, s'assit sur une des marches de l'escalier, pendant que l'on s'enquérait de cette clef par tout le château. Tout-à-coup la princesse, en arrêtant ses yeux sur les dalles de marbre de la galerie, aperçut la clef, adroitement placée dans le léger espace qu'il y avait entre le bas de la porte et les dalles. Elle la montra à Marie, qui se baissa, la prit et ouvrit l'entrée des appartemens. Clotilde s'y précipite et court à sa chambre : ô surprise !...

Les étoffes précieuses qui garnissaient la grotte du Juif, transportées dans la chambre de Clotilde, en tapissaient les murs; elles étaient disposées avec un goût admirable, et se rattachaient par intervalles à des boutons d'or qui brillaient sur cette tenture rouge, en produisant à l'œil un effet enchanteur qui plaisait par une certaine grâce indéfinissable.

La princesse foulait aux pieds le tapis de Perse du Juif; elle aperçut sur un magnifique prie-dieu son évangile de vélin dans lequel les fleurs qu'elle y mit jadis étaient conservées, et le livre, ouvert à cet endroit.

Sur un autre meuble favori, elle vit ses vases de cristal garnis de fleurs, qui répandaient une odeur suave; les trépieds d'or du Juif, placés aux quatre coins sur les mémes colonnes de la grotte du Géant, exhalaient un reste de fumée odorante; du milieu du plafond pendait la lampe remplie d'huile parfumée; et, au centre, s'élevait une riche table d'ivoire et d'or, sur laquelle le magnifique luth de Nephtaly remplaçait celui de la princesse qui fut brisé lors du pillage.

Les vases murrhins, l'or, les pierreries, enfin toutes les richesses du Juif embellissaient la demeure de Clotilde; des rideaux d'une étoffe inconnue, légère comme le vent, douce comme la soie, blanche comme le lait, et disposés par le Dieu du goût, jetaient un éclat charmant; le lit était une féerie, l'ameublement un enchantement, et le tout, brillant comme l'écaille de nacre d'une perle orientale où se jouent les plus belles couleurs.

Après avoir admiré ce gracieux ensemble avec avidité, la princesse aperçut, sur une chaise, un sabre turc de damas dont la poignée était enrichie de pierreries; elle s'approche et lit dessus : « *Nephtaly à Castriot.* »

Elle prend le sabre, sa main blanche et débile le tire hors du fourreau... il semblait voir Vénus, au milieu de son boudoir, jouant avec les armes de Mars!... Clotilde s'écria dans un tendre ravissement : « Il n'oublie rien ..... »

Cette parole fut de l'hébreu pour la pauvre Marie, qui regardait sa maîtresse avec étonnement. Clotilde, tombant sur une chaise, mit sa jolie tête dans ses mains, et dit avec l'accent d'une profonde douleur :

— « Il m'a légué ses richesses, il est mort !... cela seul devrait me l'indiquer ! » Et des torrens de pleurs inondèrent les joues de la jeune fille ; sa fidèle nourrice l'imita.

— Mon enfant, rassurez-vous ! disait Marie, si tu veux qu'il vive, il vivra !... il existe.

— Il existe !... répéta Clotilde, il existe !... et d'où le savez-vous, ma bonne Marie, ah parlez ? parlez ?..... que vous êtes coupable de me le laisser ignorer !... vous le savez... et vous ne calmez pas ma douleur !..... parlerez-vous, cruelle ?... où l'avez-vous vu ? d'où le connaissez-vous ?... parlerez-vous ?...

— Mais qui ?... demanda Marie.

— Vous l'ignorez donc ?... repartit Clotilde, et c'est pour me consoler que vous me disiez qu'il existait... Ah, nourrice, de pareilles consolations sont plus funestes que la vérité !... dites-la moi si vous la savez !... dites ?...

Après ces paroles prononcées

avec une extrême volubilité, la princesse, en délire, parcourut sa chambre en baisant le luth, les fleurs, le sabre, la pourpre, tout, et disant : « C'est lui !... Il a touché cela !... son charme y réside !... O Nephtaly, ces ornemens sont presque toi !.. »

— Nephtaly !... s'écria Marie épouvantée.

La princesse, en voyant son fatal secret découvert, devint stupide, elle resta comme si la tête de Méduse l'eût pétrifiée; et, les yeux égarés, s'avançant lentement, elle dit ces paroles avec des inflexions de voix différentes :

— Nourrice, tu m'aimes ?..... n'est-ce pas ?

Marie s'empressa de répondre par un signe de tête.

— Eh bien !... ma bonne Marie, ensevelis ce nom chéri dans ton cœur, comme dans une tombe ? garde-moi le secret ?... ou sinon, je mourrais de douleur, vois-tu ?...

A ces mots, Josette entra et fut frappée d'étonnement à l'aspect de l'éclat et de la beauté de ces lieux, et elle s'écria innocemment :

— Ah madame, il faut avouer que le prince a des recherches bien délicates !... c'est un temple.

— Sans divinité !... ajouta la princesse d'un ton plaintif, et elle s'assit à côté des fleurs qui garnissaient les vases de cristal.

Josette, heureuse de posséder

son cher Jean Stoub, fit avec une merveilleuse promptitude son service accoutumé auprès de la princesse, sans trop prendre garde à la profonde mélancolie empreinte sur son visage, mélancolie voisine de l'aliénation. Quand on songera que, pour Josette, cette nuit déjà avancée, était, en quelque sorte, la première nuit des noces, on excusera, j'espère, la pauvre petite gourmande Provençale, et le dépit qu'elle manifesta en entendant sonner minuit lorsqu'elle sortit de chez la princesse.

Quant à la mauvaise humeur qu'elle témoigna lorsque le comte de Monestan la vint arracher des bras de son époux, pour l'entrainer au conseil... je pense que tous ceux que l'on réveille au milieu de leur sommeil ne sont pas très-contens ; et, si l'on savait au milieu de quoi, Monestan vint interrompre la jolie Provençale, toutes les femmes se récrieraient sur l'inconvenance de Monestan, et peut-être sur celle que je commets, en dévoilant de pareils forfaits qui pourraient servir de vengeance à des maris malivoles.

Aussitôt que la princesse fut seule, elle s'achemina vers l'entrée de ses appartemens, où Castriot était couché sur le seuil de marbre. Au bruit soyeux des vêtemens de la jeune fille, l'Albanais se lève, en mettant la main sur ses armes;

Clotilde, regardant le soldat fidèle, lui fit signe de la suivre par un doux mouvement de son index, qu'elle replia gracieusement vers son charmant visage.

O ma maîtresse adorée, tâchez d'imiter la finesse et l'enchantement de ce signe magique et rien ne vous résistera !...

L'Albanais suivit la princesse, et Clotilde, refermant la porte de sa chambre, lui dit d'une voix émue en lui présentant le sabre turc damasquiné en or : « Tenez Castriot, voici ce que Nephtaly vous lègue..»

— Lègue, madame, Nephtaly n'est pas mort !... et c'est Jean Stoub qui le sauva au péril de sa vie!..

— Castriot!... et Clotilde s'assit sur un fauteuil. Le faible tissu de sa peau ne suffisait pas à contenir les torrens de bonheur qui fesaient mouvoir son sein, et tout son sang. « Castriot !... reprit-elle d'une voix doucement entrecoupée, dans ce que j'ai de plus riche et de plus précieux, vous choisirez ce qu'il y a de plus brillant, et je vous le donne pour vous et Jean Stoub : et, pour que vous vous souveniez à jamais de ce moment de ma vie ; tiens, fidèle Albanais ?... et elle embrassa les joues noirâtres de Castriot, qui resta immobile de plaisir, comme S. Jean dans Pathmos en voyant les cieux se dérouler.

— O ma bienfaitrice !... et Castriot, se prosternant, frappe le tapis de son front, vous êtes un ange!... vous pardonnerez à votre serviteur?... tel grossier que je sois, je crois avoir deviné que Nephtaly vous est cher!...

—Castriot!...je l'aime,je l'aime mon ami... répondit-elle comme égarée.

— Comment ce Juif!...

— Castriot, vous m'affligez?...

— Tuez-moi donc, madame?... et l'Albanais présenta son sabre et sa tête.

—Songez Castriot que je ne puis vivre sans lui, que la nature nous destina l'un à l'autre!... il est si beau!.... son âme est si pure!... nos cœurs s'entendent!... ah j'en mourrai de douleur!...

— Vous mourrez ?..... s'écria l'Albanais en se relevant et reculant de trois pas, vous mourrez ?...

— Oui Castriot, puisqu'on l'on veut que j'épouse le prince Gaston.

— Vous mourrez !.... répéta l'Albanais.

— Oui, reprit la princesse.

Castriot, plongé dans une réflexion profonde, se retira à pas lents en caressant la poignée de son nouveau sabre. Les présens, donnés délicatement, font sur notre âme un singulier effet : Castriot pensa tout le reste de la nuit au beau Juif.

Lorsque l'Albanais eut quitté la chambre de Clotilde, elle courut, poussée par l'amour, à la fenêtre qui donnait sur la Coquette, pour revoir larocaille chérie. Elle tire la mousseline , ouvre la croisée, et aperçoit Nephtaly couché sur un manteau de poupre : sa belle tête penchée, et dormant du doux sommeil de l'innocence, était dans une pose si gracieuse, qu'on l'aurait pris pour le bel Endymion contemplé par la Lune amoureuse.

Au faible bruit de la croisée, il s'éveille, tressaille et pâlit de joie en reconnaissant sa bien-aimée. Quant à la princesse, muette, interdite, joyeuse, elle était là comme si elle n'y était pas, oublieuse du temps, des circonstances, de la nuit, de la fatigue, de tout; elle ne voit, ne sent qu'une seule chose, son cher Nephtaly, Nephtaly qu'elle croyait à jamais perdu, Nephtaly dont les yeux éloquens et pleins de flamme la dévoraient, Nephtaly qui portait fidèlement sur son sein le gland d'argent, talisman d'un amour immortel; enfin, elle ressemblait à l'âme d'un juste, qui, s'éveillant de son long sommeil de mort, aperçoit l'Éternel.

Il faut avoir aimé, pour se faire une idée de ce moment plein d'un charme *Paradisien!* Ils furent long-temps sans pouvoir parler, et comme cherchant à s'identifier avec le bonheur. Le danger imminent qui menaçait leurs amours contribuait singulièrement à remplir cet instant fugitif d'une mélancolie qui n'était pas sans charme.

Enfin Nephtaly s'écria le premier d'une voix doucement accusatrice :

— « Clotilde ! le chevalier Noir a traversé la contrée en vous montrant à tous les yeux comme sa conquête, et vous abandonnerez sans doute le pauvre Nephtaly !..... Aussi, devant que de mourir, je vous ai légué tout ce qui m'appartint ; allez ingrate, soyez heureuse !..... voilà le seul vœu que forme Nephtaly mourant : et « *Clotilde*!... » voilà le dernier mot qu'il prononcera.... pensez à lui, il mourra content.

— Nephtaly, je vous aime ?... s'écria la jeune fille d'un ton de reproche, même plus que je ne le dois!... et, me souvenant de mes sermens et de ta promesse, je viens d'obtenir un jour de répit. Tu m'as dit naguère, qu'au dernier moment, la veille d'être l'épouse d'un autre, tu saurais nous unir!... accomplis ta promesse?...

— O maîtresse chérie!..... ô vierge adorée!.... reprit Nephtaly, il est donc vrai que tu m'aimes!... que tu m'aimes d'un véritable amour!...

— Tu me fais injure!..... en peux-tu douter, quand mille fois je l'ai laissé voir?... mille fois mes yeux l'ont dit, mille fois ma bouche l'a prononcé.

—Hé bien Clotilde, nous serons unis !... mais permettras-tu point à ton fidèle amant de prendre un faible gage de ta tendresse ?.....

Aussitôt il jette la corde, l'amoureuse Clotilde, entraînée par sa passion, l'attache, et le Juif se trouve en un clin d'œil dans la chambre de la princesse.

— O mon épouse !... ma fiancée chérie, jurons devant le Dieu de tous les hommes, qui nous écoute, jurons d'être l'un à l'autre, et de ne jamais nous séparer.

— Je le jure !.... dit Clotilde, avec une charmante naïveté et en regardant Nephtaly d'un air indéfinissable, tant il renfermait d'idées.

—O mon amour! le ciel a reçu nos sermens, nous avons la nuit pour témoin... et son flambeau est notre torche d'hyménée; entends-tu les anges applaudir, par leurs concerts divins, au bonheur d'un ange qu'ils envoyèrent ici bas? O amour!...

Le Juif enivré, déposa lentement sur les lèvres de son amante enflammée, le premier baiser des amours, ce baiser plein de charme, ce baiser plus doux que ceux des colombes, ce premier chaînon de la chaîne amoureuse, suave, joliette, qui lie notre premier âge, enfin ce commencement du léger, du brillant tissu des amours.

Ce chaste baiser, que dis-je chaste ?....... Nephtaly brûlait, comme Hercule couvert de la robe de Nessus, du feu qu'allume tout ce que nous pouvons ressentir de désirs !... Mais Clotilde !... Ah Clotilde, succombant sous le poids de cette volupté inconnue, ivre, bouillante, échevelée, car sa tête penchée sur le col d'ivoire de l'Israélite laissait aller ses noirs cheveux qui se mêlaient à ceux de son amant; Clotilde, renversée par le bonheur, comme St.-Paul par le rayon de la gloire de Dieu, ressemblait à une Pythie mourante sous les efforts d'Apollon : puis revenant à elle, elle noya ses regards languissans dans ceux du fougueux Nephtaly; et, tout en jetant les cris inarticulés que lance le plaisir, elle laissa tomber cette phrase, céleste pour un amant : « Ah que je suis heureuse !.....» Tous deux brûlaient d'amour, et leur sang enrichi d'une chaleur pénétrante, afflua dans leurs veines trop étroites !...

— Nephtaly va-t'en?... ta présence me fait trop de mal!... Et, tout en reprenant ses cheveux, elle ne put se défendre du plaisir de caresser légèrement, oh bien légèrement! la chevelure noire du bel Israélite.

— Adieu donc, Clotilde! à demain soir !... oui, mon amour, je m'introduirai dans le château, je viendrai dans ton appartement : et, c'est en présence de Castriot et de ta fidèle nourrice, que je veux consumer avec toi le charme de nos dernières amours...

Et le Juif ayant encore cueilli un doux baiser, plus lent que le premier, plus ressenti, plus savoureux, s'élance sur sa corde et rejoignit sa rocaille.

Vainement Clotilde se coucha, vainement elle voulut sacrifier au sommeil, son âme avait trop bien reçu l'empreinte brûlante de la volupté, le mouvement était donné, elle ne pensait qu'au beau Juif, le désirait, l'appelait même!... et, dans l'ignorance des délirans plaisirs de l'amour, son imagination, mobile et vagabonde, s'élançait dans le champ de l'idéal, s'y égarait; tantôt feignant de dormir comme pour se tromper elle-même, elle restait immobile sur sa couche virginale; puis, elle la fatiguait vainement sans trouver le repos; enfin, poussée par la curiosité, l'amour, le désir, elle courait en fanatique regarder par la croisée le beau Juif, qui ne dormait pas plus qu'elle.

— Il est là!... se disait-elle, il pense à moi!... et la fureur se glissait dans son âme en songeant qu'ils étaient plongés dans un abîme.

L'aurore la trouva dans cet état, elle entr'ouvrit la croisée, et le parfum des fleurs nouvelles, cueillies par Nephtaly, embaumait les airs : le Juif lui adressa une prière matinale comme à une divinité.

— Nephtaly, dit-elle, nous n'avons plus que ce jour, demain il faut que je marche à l'autel.

— Clotilde, répondit l'Israélite, regarde ?... regarde bien le soleil se lever, et vois comme il s'élance dans les cieux, admire le firmament azuré, le parc, la verdure, les bois, enfin toute la nature ?... nous ne la verrons plus long-temps !... notre dernier soleil se lève, et toi, ma bien-aimée, mon épouse fidèle, à chaque heure du jour, mets la main sur ton tendre cœur, et dis en le sentant battre : « *le sien est là*... » autant en ferai-je de mon côté !...

A ces mots le Juif saisit sa corde et regagna la crevasse en envoyant à Clotilde des baisers qu'elle lui rendit sur les ailes des fidèles zéphirs de l'aube matinale.

Quand il fut disparu, elle écouta le bruit léger de ses pas sur le sable, et n'entendant et ne voyant plus rien, elle resta dans la même attitude, sentant le divin parfum des fleurs, et pensant aux paroles funèbres de son bien-aimé...

Josette la trouva dans cette attitude.........................

CHAPITRE XXX.

Parlerez-vous, ma fille?.....

(*Le Roi Léar.*)

Souvent le malheureux songe à quitter la vie.

(*Élégies.*)

S'ils n'ont point le bonheur, en est-il sur la terre?

(*Élégies.*)

Et l'ornement et principale cure
De ceste feste, estait la nuict obscure.

(MAROT, *poëme de Léandre.*)

Il y plonge ensemble et le fer et la mort.

(ANDRÉ DE CHÉNIER.)

LA joie des amours brille sur le visage de la fille des Lusignans; elle chante, marche, sourit avec l'air de la déesse de Paphos : Josette ne conçoit pas ce changement, mais la nourrice aperçoit, d'un coup-d'œil, d'où vient le coloris nouveau qui s'est infusé dans le tendre incarnat des joues de Clotilde.

Avouons-le? tous les sentimens extrêmes sont plus ou moins des folies, et surtout l'amour; aussi la princesse avait-elle tous les diagnostiques de la folie, ce guide aveugle des aveugles amours.

Au milieu de ce délire, Trousse arrive dans les appartemens de Clotilde, et, d'un air sinistre et composé, vient chercher la jeune fille de la part du roi son père.

Ce message inusité, frappa de

terreur Clotilde, qui suivit en silence les pas du docteur.

Elle traversa la galerie, la salle des gardes, le salon où déjà le chevalier Noir, les ministres, les seigneurs formaient une foule empressée. A son approche, le murmure des conversations cesse; un murmure flatteur s'élève, on se range, et Clotilde marche, au milieu d'une haie respectueuse, en recueillant les hommages de chacun : quand elle arriva près du chevalier Noir, elle lui tendit gracieusement la main en souriant; et cet amant, au comble de la joie, y déposa un baiser de feu. En entrant dans le cabinet du roi, Clotilde entendit le murmure d'étonnement se prolonger comme le bruissement des vagues après un orage.

Trousse la conduisit gravement jusqu'à la chambre du prince; et, entr'ouvrant la porte, il s'écria de sa voix clairette : « Madame la princesse de Chypre. »

Clotilde trouva son père assis sur la chaise de Mélusine; son visage avait une expression de sévérité qui ne disparut point quand elle entra; il ne la pria point de s'asseoir, comme il le faisait ordinairement; et Clotilde resta debout dans une attitude respectueuse : le vieillard laissa s'écouler un instant de silence, que sa fille n'osa point interrompre ; puis, Jean II se tournant vers l'endroit où il entendait le sein de Clotilde murmurer doucement, il dit d'un ton lent et grave :

— Mademoiselle, ne croyez pas que votre conduite nous ait échappée; elle a donné lieu à bien des conjectures; et, soit comme père, soit comme monarque, soit comme descendant des Lusignans, nous devons l'examiner.

Soyez bien convaincue, ma fille, de notre tendresse pour vous, et répondez franchement à votre vieux père ? Quelle fut votre intention en retardant la célébration de votre hymen avec le prince Gaston ?...

— D'y réfléchir, monseigneur.

—Clotilde, si vous l'aimiez, vous n'auriez pas cherché à réfléchir.... N'usez point de détours... ce n'est pas là votre motif.

Clotilde rougit et garda le silence; elle aurait voulu se trouver à cent pieds sous terre; alors la vie lui parut d'un poids insupportable : regardant les cheveux blancs du prince, elle restait dans une fixité d'incertitude, vraiment poignante, et sa conscience lui faisait de cruels reproches.

—M'avez-vous compris? répéta le monarque.

— Oui, monseigneur; mais quel que soit ce motif, ne vous suffit-il pas que demain j'épouse le comte de Provence.

—Non, mademoiselle, si l'honneur des Lusignans est compromis par votre conduite ou l'état de votre cœur, cela ne suffit pas?... Ah! Clotilde, reprit le monarque avec un accent de bonté, comment se fait-il que vous redoutiez votre père, que vous ne l'ayez pas rendu votre confident?... Craignez-vous ma sévérité? Ne vois pas le monarque, vois un père indulgent, ma fille? parle? et, si des peines affligent votre jeune cœur, je tâcherai de les calmer, la vieillesse a de l'expérience!....

—Écoutez mon père, l'honneur

est cher et passe avant tout, n'est-ce pas votre maxime favorite?

— Oui ma fille.

— Hé bien, mon père, s'est-il dans notre illustre famille trouvé des traîtres?....

— Jamais!... répondit le monarque avec orgueil.

— Ne tachons donc pas cette candeur héréditaire?... si je parlais, mon père, je trahirais un malheureux!.. un malheureux qui compte sur ma parole, qui s'y repose comme sur un autel de bronze!

—Clotilde, le sein d'un père, semblable à celui de la divinité, doit connaître les moindres pensées et les moindres actions de ses enfans.

— Monseigneur, c'est vrai; mais si dans votre jeune âge vous aviez promis le secret à un ami malheureux, et, qu'appelé par mon aïeul, pour le révéler, l'auriez-vous fait?... »

Le monarque garda le silence; mais irrité et rendu plus curieux par la résistance de Clotilde, il s'écria : « Allez, mademoiselle, vous n'aimez pas votre père et vous devriez avoir honte de prononcer ce nom..... »

— Voilà ce qu'eût dit mon aïeul!... répliqua la jeune fille, en riant, pour donner le change; et elle embrassa le front du vieillard.

Mais celui-ci la repoussant lui

dit : « Indigne fille, je sais ce qui a perverti votre cœur... C'est un autre amour !.. et qui ne devinerait pas ? Depuis quinze jours n'ai-je pas entendu cent ballades d'amour ? ne me rappelai-je pas le froid accueil que vous fîtes au comte de Provence ? les événemens du tournoi, le chevalier inconnu, et surtout vos paroles entrecoupées, vos soupirs, votre agitation, votre inquiétude, et ce que vous disiez il y a trois jours dans ce cachot où nous avons manqué périr !.... vous bénissiez la mort. »

— Mon père !...... de grâce, cessez vos remarques, craignez de les continuer.

— Hé quoi, ma fille! je crois remettre, entre les bras d'un époux, une vierge de cœur...... et je me trompais!..... Dites-moi sur-le-champ le nom de celui qui surprit votre amour? je le veux? je l'ordonne?

— Mon père, s'écria la jeune fille en inondant de pleurs la main de son père; oui, je vous le dirai!..... mais demain, n'exigez rien de plus; n'est-ce pas assez que votre fille soit malheureuse? ayez un peu de pitié pour elle?... ô mon père!...

Le vieillard, séduit par les larmes de sa fille, réfléchit un instant et lui dit: «Eh bien soit, j'y consens, ma fille relevez-vous ? mais gravez dans votre âme que demain je veux que la chapelle du château reçoive vos sermens, tout l'exige avant votre père...

— Mais ne l'ai-je pas promis !...

— Eh bien ! quel espoir nourrissiez-vous donc !.... si cela doit être, soyez plus affable avec votre époux et ne donnez pas lieu à des remarques qui nuisent à notre caractère.

Clotilde soupira ; et le monarque ému prit la main de sa fille et lui dit d'un ton de père : « Tu es donc malheureuse ?... »

La jeune fille, posant sa tête contre celle de son père, versa un torrent de larmes.

— Oh ! oui, beaucoup mon père ?....

— Mais ma fille il faut rompre cette union.

— Jamais... répliqua Clotilde, hélas ! j'aime sans espoir ! et... je me résigne !...

— Pauvre enfant !...... sèche tes larmes, le temps guérira ta blessure, laisse-moi croire que le prince Gaston te rendra heureuse.

Alors le monarque, prenant le bras de sa fille, parut au salon, où chacun s'empressa de luifaire sa cour. Clotilde s'appuya sur le bras du chevalier Noir et lui dit quelques paroles douces, mais qui ressemblaient à ces potions calmantes que les médecins donnent aux mourans pour adoucir leur agonie.

La journée se passa sans autre événement; le chevalier Noir fut d'un tel empressement auprès de sa fiancée et marqua tant d'amour, par ses soins, que si les yeux de la princesse n'eussent pas été aveuglés, elle l'eût trouvé tout aussi séduisant que Nephtaly, tout aussi beau, tout aussi digne d'être aimé. Mais le bandeau de l'amour est si épais, si redoublé sur nos yeux!.......

La princesse, tout en répondant aux attentions amoureuses du prince, ne cessait de caresser de l'œil et de jouer avec le bouquet de fleurs qu'elle avait sur son sein, et elle pensait à la fête brillante que Nephtaly donnerait à son cœur lorsque la nuit serait venue.

Il est impossible de rendre le tableau mouvant qu'offrait le château de Casin-Grandes; Taillevant, Bombans et les officiers ne savaient où donner de la tête pour la cérémonie du lendemain, et tout respirait le mouvement et la joie. Les nobles hôtes du roi de Chypre eux-mêmes s'apprêtaient pour briller et se surpasser à cette éclatante solemnité, et, jaloux de prouver à leur souverain leur empressement, ils allaient et venaient sur la route, cherchant, apportant leurs richesses et leurs habits les plus pompeux ?

Enfin cette nuit tant désirée par Clotilde, arriva : elle s'échappa du salon comme furtivement, et l'on n'osa pas la retenir, car, de tout temps, on a respecté les volontés des jeunes filles la veille de leurs noces; aussitôt qu'elle eût disparu chacun l'imita. En effet, Clotilde, dans ce salon, était la clef de la voûte : une fois tombée, tout se sépare : et, ce jour-là, le sommeil envahit le château beaucoup plus vite qu'à l'ordinaire, comme c'est naturel la veille d'une grande fête.........

* * * * * * * * *

Tout repose, excepté Clotilde,

Josette, Marie et Castriot qui sont réunis dans les appartemens de l'infortunée princesse de Chypre.

Clotilde voit arriver l'heure, à laquelle Nephtaly doit venir, avec un effroi dont elle n'est pas maîtresse; son cœur tremble, palpite, et elle regarde fréquemment la porte, ou prête l'oreille à de vains bruits qu'elle croit entendre et que personne n'entend.

— Josette, dit-elle, je veux une plus belle parure que celle que je porte en ce moment? ma fille, revêtez-moi d'une tunique bleue à glands d'argent, d'un cothurne rouge, d'une robe blanche comme la neige ?... retenez mes cheveux captifs sous des bandelettes blanches, ainsi qu'elles étaient disposées le jour où je rencontrai ce pauvre Juif.... Rassemblez tout ce que l'art de la toilette et mes trésors ont de plus recherché? songez ma fille que je veux plaire!........

— Mais madame, il n'est pas encore temps!....

— Fais ce que l'on te dit? lui répliqua Marie.

— Ma bonne nourrice, reprit Clotilde, en s'asseyant devant un miroir contenu dans une bordure en filigrane; ma bonne nourrice allumez les bougies des quatres torchères, les flambeaux et surtout cette lampe d'argent remplie d'huile odorante?... que tout resplendisse et que tout soit brillant!

— Oh! Josette, dit-elle en s'adressant à la jeune Provençale, arrangez mes cheveux noirs en boucles plus arrondies? qu'elles tranchent, par leur jais, sur l'albâtre de ma peau? qu'elles se jouent au-dessus de mes yeux!....

Nourrice, viens placer mes bandelettes blanches sur ma tête?... toi seule connais cette coëffure, fille de la Grèce; surtout, ma mère, entoure-moi d'un voile aërien?...J'en avais un, ce jour-là, pour me garantir du soleil?... mais aujourd'hui, je veux l'avoir, pour qu'il soit foulé?... je veux que tous ces charmans apprêts soient comme ceux d'un festin dont il ne doit point rester de vestiges.....

— Josette, mon enfant, n'oublie pas les parfums?.... Et, de ses doigts légers, la princesse donne, à droite, à gauche, le dernier coup de main à l'élégant édifice de sa parure.

« Castriot, dit-elle en se retournant et en lui souriant, allumez le feu de ces trépieds d'or? que l'encens fume? Jamais les sacrifice ne se font sans encenser le Dieu.

« Mes amis, leur demanda-t-elle en se levant et se regardant dans le fidèle miroir, suis-je belle?.... »

Ils se récrièrent unanimement et Clotilde fit quelques pas dans sa chambre en essayant sa parure.

« Maintenant Josette, dit-elle, remets tout en ordre ? qu'il n'y paraisse plus, que rien n'interrompe la beauté de ce lieu.

« Sors mon enfant ?... Adieu ; viens que je t'embrasse ?... »

— Ah! madame, vous êtes brûlante !....

— C'est vrai... Tiens, Josette ; prends cette riche ceinture ? prends aussi ce diamant ?... je te les donne. Josette !.... ajouta-t-elle en lui prenant la main, tâchez que le souvenir que vous garderez de moi ne soit point *muable* ?..... pensez quelquefois à Clotilde... et.... priez pour elle?....

Josette se mit à pleurer et dit en sanglotant : « Ah! madame, est-ce que vous me renvoyez?... Pourquoi donc tous ces apprêts et ces paroles dont le seul accent m'attriste? »

— Ce n'est rien, ma fille, répondit la princesse avec un sourire légèrement sardonique. Ne vois-tu pas que Clotilde va périr pour renaître comtesse de Provence!....

— Ah! si ce n'est que cela, madame, reprit Josette en essuyant ses yeux, je n'ai qu'à me réjouir...

— Adieu donc Josette!.. Et la princesse embrassa la fille de l'intendant : puis, saisissant une bourse pleine d'or, elle lui dit : « Prends encore ceci ? je veux que rien ne manque à ton bonheur !......»

Josette sortit lentement et en retournant plusieurs fois la tête pour voir Clotilde, qui s'assit sur une chaise en posant sa tête souffrante dans sa jolie main. Restée seule, elle regarda tristement Castriot et la fidèle nourrice, et elle leur dit avec un accent de mélancolie :

— Mes amis, la jeune rose va s'effeuiller ! car, maintenant, je comprends les paroles de mon bien-aimé !.... Vous nous élèverez un même tombeau, n'est-ce pas ?... et toi, Castriot, tu viendras arroser les fleurs qu'aura plantées Marie parmi le gazon; nos cendres les animeront... Respirez-les quelquefois?... l'odeur en sera douce!...

A ces paroles, Castriot jeta des regards farouches sur tout ce qui l'entourait, et Marie se mit à pleurer à chaudes larmes....

— Hé quoi! continua la princesse, je veux faire un dernier repas et savourer la vie avec *lui!*... Marie ne me refuse pas? les prières des mourans sont sacrées!... Va, cours chez Bombans, apporte de quoi composer ce festin du départ, et surtout, apporte les vases les plus précieux.... Je veux entourer ma fin de tout ce qu'il y a de plus brillant, de plus beau dans la nature et dans le cœur de l'homme; une jeune mort doit être voluptueuse!...

La fidèle nourrice ne tarda pas à reparaître avec ce que demandait Clotilde. On plaça, sur une table d'ébène et d'argent, une serviette peluchée et à frange d'or, que Clotilde parsema des fleurs du bouquet de l'Israélite.

— Il faut tout effeuiller, tout flétrir.... dit-elle.

Les plats d'or et les fruits de l'art de Taillevant brillèrent bientôt sur la table, ainsi que les cristaux cizelés : on alluma des flambeaux; et Clotilde, posant alors une couronne de roses sur sa tête, s'écria :

« Castriot, n'est-ce pas toi qui dois introduire mon bien-aimé ?... Pourquoi ne vient-il pas ? est-ce à moi de l'attendre !... oui, car je l'aime le plus !... Nephtaly, je te souhaite !.... arrive avec tous tes enchantemens, arrive promptement, nos heures sont comptées, la moitié du sable de mon horloge est consommée, il est minuit !... Viens, tout est prêt, le temple, la fête, l'autel, la victime, les festons. Va Castriot, va à sa rencontre ? »

L'Albanais pleura de rage en entendant ces mélodieux accens, le chant du cygne.

— Je voudrais être plus belle !..

mais... je le suis assez!... dit-elle avec un léger sourire, puisqu'il m'aime!... Et elle se mit à parcourir sa chambre en admirant le luxe, la propreté, la grâce de ce lieu; puis elle s'écria encore :

—C'est trop beau pour une tombe! elle sera comme nos amours, suave, délicieuse, brillante et funèbre!...

Tout à coup, des pas légers retentissent dans la galerie : la première, Clotilde les entend; elle court, elle vole, elle est dans les bras de Nephtaly. Elle jette, avec grâce, ses bras d'ivoire autour de l'albâtre du col de l'Israélite; leurs têtes semblent se confondre; ils marchent lentement, appuyés l'un sur l'autre, sentant battre leurs cœurs, et le Juif pressa contre son sein tumultueux la gorge divine de la princesse qui, semblable à la rosée matinale, rafraîchit son âme.

En proie à cet accès d'amour, ils arrivent, s'asseyent sur une espèce de divan, en se tenant par la main, et ils se penchent l'un sur l'autre : pas un mot, pas un geste, mais des larmes!.... Ah! des larmes brûlantes de désirs de part et d'autre, et puis de ces longs regards d'amour qui rendent ivres!..

Le Juif exhale l'ambre, les choses les plus précieuses le parent; il n'a plus sur son sein la roue infâmante, mais le gland sacré de la tunique de Clotilde et l'écharpe diaprée que broda l'amoureuse jeune fille ; enfin, les boucles de ses beaux cheveux noirs ne sont plus flétries par le bonnet vert à cornes rouges.

Heureux de pouvoir satisfaire leurs désirs, sans être avares de leur joie, ce n'est plus à la dérobée, et en tremblant, qu'ils se regardent et qu'ils se parlent ; mais ils se roulent dans la volupté, ainsi qu'au printemps, de blanches colombes voltigent de branche en branche, et savourent les plaisirs.

— Clotilde !... tu es à moi, s'écria Nephtaly, rien ne trouble nos caresses : ô mon amour, laisse-moi me noyer dans le lait de ton sein délicieux, m'y rassassier de baisers?....

— Nephtaly tout est à toi!... Et les doigts légers de la jeune vierge caressent avec une charmante pudeur, une timide crainte, les cheveux, le col, le sein de l'Israélite.

— O que tu es belle et que tes yeux dévorans dardent de feux! L'étoile de Vénus n'est pas plus brillante.

— Ah! mon bien-aimé, ne crains rien? dérange ma coiffure?..... je ne m'en offenserai point!....

Après que le respectueux Nephtaly eût adoré tous les charmes de sa belle maîtresse, il déposa sur sa bouche de rose, sur sa bouche affamée, sur cette bouche sollicitense, un de ces baisers dont Vénus serait jalouse, et ils allèrent s'asseoir auprès de la table, et sur le même siège; car l'amoureux Israélite attira Clotilde sur ses genoux. Castriot et Marie semblables à des statues, ornement d'un palais, les servirent en pleurant et les admirant tour à tour.

Les deux amans mangèrent des mêmes mets, dans la même assiette, avec la même fourchette, buvant dans le même hanap à la même place, et entremêlant l'ambroisie de leur suave repas avec l'ambroisie mille fois plus suave de leurs baisers enflammés : baisers charmans, leurs derniers pas dans cette vie de volupté. Une grâce indéfinissable, un charme inexprimable, léger comme l'air, pénétrant comme le feu, doux comme un bienfait, se répandait sur cette scène d'amour : un espèce de nuage céleste les environnait : tout, aux yeux de ces heureux amans, se présentait comme surnaturel ; les moindres objets avaient une autre figure, une autre forme, leur bonheur se reflétait sur tout, et semblait jeter des flots de lumière.

On eût dit, qu'autour d'eux, régnait cette auréole dont on entoure les habitans des cieux quand ils descendent ici bas.

Cette divine magie redoublait leurs jouissances et l'aspect de la mort les rendait solemnelles.....

— Nephtaly, s'écria Clotilde, voici le moment d'exécuter ta promesse... vois-tu comme les heures s'écoulent ?

— Ah ma Clotilde, auras-tu le courage d'obéir!...

— Eh! crois-tu, mon bien-aimé, que je ne t'aie pas deviné !...

— Dis-moi, chérie, qu'as-tu compris!...

—Que nous mourrons ensemble.

— Cruelle !..... tu le dis en riant ?...

— Nepthaly, pourquoi m'affligerais-je ?...

— Tu dis vrai, Clotilde, nous sommes mille fois plus heureux; nous abandonnons une terre odieuse; nous montons purs, et sans tache, vers le palais des cieux, où déjà les anges apprêtent, pour nous, leurs plus divins concerts !... Dieu peut-il se courroucer de nous voir arriver un peu plus tôt et fuyant le malheur ? Nous obéissons à la voix de la nature, et, si le front céleste de l'Éternel se ride un instant, il est trop bon pour condamner deux âmes vertueuses, coupables seulement de trop d'amour, et puis,... notre bonheur aurait pu se faner ici bas?...

— Non, Nephtaly, jamais!... répliqua Clotilde avec un charmant coup-d'œil.

Ce mot fut suivi de mille baisers, et l'amoureux Israélite serra la princesse dans ses bras avec la force d'Hercule soulevant le fils de la terre, Antée, son rival.

— Ma maîtresse chérie, trésor d'amour, tu auras donc la force de quitter une si belle vie, une vie à peine commencée.

— Nephtaly, ne la quittes-tu pas?... et, n'est-ce pas un bienfait que de ne faire qu'effleurer une coupe au fond de laquelle sont les chagrins et les malheurs!...

— Tu n'hésiteras pas à percer ce beau sein, ce trône de l'amour où je viens de reposer ma tête?

— Non... Que puis-je être hors de ta vue? Puis-je vivre sans toi? toi seul, entre les hommes, m'as souri de ce sourire que j'aime.

— Eh bien, oui, fille céleste, nous nous endormirons voluptueusement, et les mains entrelacées, dans la nuit qui n'a point d'aurore.

— Oui, Nephtaly, quand tu le désireras.... mais, je t'en supplie, fais-moi donc entendre encore cette douce voix, ces doux chants, qui charmèrent mon âme! Epuisons, dévorons toutes les joies, réunissons notre vie toute entière en un seul moment, et..... absorbons-le! Chante donc? achève de m'enivrer?...

Nephtaly, saisissant son luth, que Marie lui présenta sur un signe de Clotilde, chanta les stances suivantes :

Que la fleur des champs soit séchée
Par le noir souffle des hivers,
Ou, que de sa tige arrachée,
Quand les prés encor verts,
Sont ornés de sa tête élégante,
Elle soit, d'un cruel zéphir,
La victime odorante.....
Son sort n'est-il pas de mourir!

Qu'importe la faible durée
De nos trop misérables jours,

Si, du bonheur la main dorée,
N'en fleurit pas le cours!
Périr le front plein de jeunesse,
Parés des roses du plaisir,
Ou flétris de vieillesse.....
Ne faut-il pas toujours mourir?

Que le voyageur accomplisse
Sa longue route en peu d'instans,
Et que sa course en réunisse
Les nombreux accidens;
Ou que, marchant avec prudence,
De sa peine il fasse un plaisir,
Pour toute récompense....
Ne faut-il pas toujours mourir?

Hélas! mourons, ma douce amie?
Mourons sans répandre des pleurs,
N'avons-nous pas, de cette vie,
Senti toutes les fleurs?
Lorsque, dans un charmant bocage,
Les mains n'ont plus rien à cueillir,
Qu'il n'offre plus d'ombrage....
Alors... n'en faut-il pas sortir?

Jamais l'Israélite ne mit tant d'expression dans son chant. Clotilde, le col tendu, s'abandonnait toute entière à la volupté : attendrie, elle regardait frémir les cordes du luth en pleurant.

— Voilà la vie, dit-elle en faisant résonner la corde.

Le son retentit fortement d'abord, s'amortit, parut renaître, puis s'éteignit doucement.

Cette exacte image émut jusqu'à Castriot.

— Tu pleures, s'écria Nephtaly, tu regrettes ton existence. Ah Clotilde, tu pourrais t'éviter ces larmes, et nous serions heureux!

— Comment, mon ami ?

— Écoute!... fuyons? suis-moi

dans l'Asie ; nous irons dans le fond d'un désert...

— Oui.

— Une simple demeure sera notre asile, elle sera belle comme toi : mes richesses suffiront à nos besoins ; là, heureux, sans entraves, nous vivrons toute une vie de bonheur, en présence de la seule nature ; et, tu seras jusqu'à ta mort comblée des plaisirs que tu ressens aujourd'hui.

— Mais Nephtaly, mon père !... il mourra de douleur.

— Clotilde !... s'écria le Juif, tu auras des enfans !... et tu t'entendras appeler : « *Ma mère !...* »

— Ah ne me regarde pas ? tu m'y ferais consentir !.

— Viens, viens ?

— Nephtaly, je vais le vouloir si tu le veux encore ! mais, dit-elle en saisissant le luth et chantant avec la voix de la mélancolie :

Que la fleur des champs soit séchée
Par le noir souffle des hivers,
Ou, que de sa tige arrachée,
Quand les prés encor verts,
Sont ornés de sa tête élégante,
Elle soit d'un cruel zéphir
La victime odorante.....
Son sort n'est-il pas de mourir ?

—Eh bien, Clotilde, mourons !... oui, mourons? car nous avons épuisé vingt siècles d'existence... Et il regarda sa charmante maîtresse en caressant son sein d'albâtre.

Castriot, assis sur une chaise, contemplait Clotilde et le Juif avec des yeux farouches; l'idée, terrible pour lui, de voir périr sa bienfaitrice lui fendait le cœur, et il était occupé des moyens de l'empêcher de mourir.

— Nephtaly, dit Clotilde avec une ingénuité charmante après un moment de silence, Nephtaly, mon cœur, donne-moi beaucoup de baisers pour que je te les rende ?...

— Ah Clotilde !..... reprit le Juif en la comblant de ses caresses enflammées et en cueillant l'ambroisie de ses lèvres corallines, mon ange, il est d'autres plaisirs !... plus vifs, suprêmes, la véritable fleur de la vie; et, puisque nous devons succomber, mourir, laisse-moi...... laisse ton bien-aimé savourer ce fruit délicieux.

— J'ignore, interrompit Clotilde, ce que tu veux. ... je suis prête à te l'accorder puisque tu le demandes!.... et, quoique je ne puisse croire que, ce que tu veux, soit un mal, un je ne sais quoi me dit que j'y perdrais mon plus grand charme...

— Ah! Clotilde, Clotilde, tu es une habitante des cieux!... ton langage inspire la vertu, va, retournes-y brillante, pure, vierge, et puisses-tu savoir quel sacrifice je te fais!...

— Mon ami, dit la princesse, demain j'épouse le prince Gaston.

— Hé quoi!... s'écria l'Israélite.

—Je le dois, Nephtaly, j'ai promis; mais écoute à ton tour, et suis les ordres de ta maîtresse. Trouve-toi dans la chapelle au matin? Castriot t'introduira; cache-toi contre un des piliers? et là, tu verras si je t'aime?... lorsque je tirerai mon poignard, saisis-toi du tien? et que nos derniers soupirs s'entremêlent.

— J'y serai Clotilde... répondit le Juif.

En ce moment, Castriot s'approchant de ce couple charmant entrelacé comme deux dauphins qui jouent, dit à Clotilde :

— Il n'y a donc que le prince Gaston qui s'oppose à votre bonheur !...

— Oui, répondit le beau Juif.

— Eh bien, vous serez heureux!... croyez-en Castriot?...

Et sans plus tarder, le féroce Albanais courut à la chambre hospitalière du comte de Provence; il ouvre doucement la porte, il tressaille de joie en voyant la lampe expirante ne jeter qu'une faible lueur; il s'avance à pas lents vers le lit; et, sourd à sa conscience, à tout, il détourne la tête, tire son sabre, et frappe à coups redoublés, en s'écriant : « il le faut!... il le faut!... » et, dans sa fureur, il laissa son sabre sur le lit du prince.

Il revient précipitamment et

rentre dans la chambre de Clotilde avec un visage serein.

— Vous serez heureux !... répéta-t-il, ainsi vous pouvez vous séparer sans crainte, vous ne mourrez pas !...

— Comment cela Castriot !... s'écria la jeune fille.

— Vous serez heureux !... et rien ne s'opposera plus à votre union, si le roi y consent toutefois !...

A ces mots, un frisson glacial parcourut tout le corps de la princesse ; elle resta muette, pâle, immobile, froide, et Nephtaly regarda Castriot avec un profond étonnement.

— Séparez-vous ? reprit l'Albanais brusquement.

— Qu'a-t-il fait ?... s'écria Clotilde revenant à elle aux baisers que Nephtaly lui prodiguait.

— Clotilde, à demain donc !... dit le Juif.

Alors tous deux s'acheminent vers la galerie, mais Clotilde est toujours stupéfaite, et son sein palpitant : elle est accompagnée de Castriot qui les suit. La voûte de marbre retentit de leurs adieux ; et, quand Nephtaly, après avoir savouré le dernier, le plus long des baisers, s'élança dans l'escalier, l'on entendit le léger bruit des fantômes résonner au fond de la galerie ; et, de la chambre de Gaston, une grande ombre projetée par la lueur de la lampe mourante, se mouvoir d'une manière indistincte.

— C'est son esprit! dit Castriot tremblant; ou bien ne serait-il pas mort?

A cette parole, l'idée du crime que l'Albanais avait commis, se glissa dans le cœur de la princesse en le glaçant : elle rentra dans sa chambre, comme engourdie, et ce ne fut qu'après un long moment de silence, que regardant sa chambre vide, elle s'écria : «il est parti!... »

— Oui, madame, dit Marie.

— Ah! Castriot, qu'avez-vous fait?... continua Coltilde.

— Ne m'avez-vous pas dit que

le prince Gaston était le seul obstacle à votre bonheur ?. . .

— Mais on vous fera mourir Castriot ? . . . observa la princesse.

— Oui , répondit l'Albanais , mais, vous serez heureuse !...

Le jour commençait à poindre dans les cieux, les lampes palissaient : Clotilde, accablée sous le poids des voluptés , pouvant à peine soulever ses paupières, appuya sa tête en désordre sur le sein de sa nourrice , et un instant de sommeil vint la saisir. . . Castriot, respectant son repos, s'en fut veiller à sa porte, et sa nourrice contempla, en pleurant, ce sommeil précurseur de l'éternel sommeil , qui devait envahir sa fille. . . . .

CHAPITRE XXXI

ET DERNIER.

Enfin tous les buffets, les tables étincèlent,
Plus d'une lyre est prête, et partout s'amoncèlent
Et les rameaux de myrte et les bouquets de fleurs.

(André Chénier.)

Au banquet de la vie, infortuné convive,
J'apparus un jour et je meurs !...

(*Stances de* Gilbert.)

Cependant tout était en mouvement dans Casin-Grandes. Dès l'aurore, une foule considérable ne cessait d'y arriver, car la nouvelle du mariage du souverain de la Provence avec l'héritière du royaume de Chypre, la célèbre Clotilde, s'était promptement répandue; et, de tous les côtés de la contrée, l'on accourait pour être témoin des fêtes qui devaient célébrer cette union. L'on avait annoncé que les deux souverains tiendraient cour plénière, et que l'on recevrait tout le monde, jusqu'aux plus simples paysans. L'on doit, d'après cela, juger de l'empressement que l'on mettait à se rendre à la majestueuse demeure du roi de Chypre.

Aussi était-ce déjà un spectacle que l'aspect de la route d'Aix à Casin-Grandes? Une foule de dames, plus ou moins parées, jalouses de voir cette beauté tant vantée, arrivaient, soit sur des haquenées, en litière ou à pied ; les chevaliers, les barons, les seigneurs et leur suite, les paysans, les curieux, tout cela formait une longue procession dont le commencement semblait être Casin-Grandes, et la fin à Aix.

On eût dit que la nature donnait les mains à cette solemnité, en la protégeant par un ciel d'azur sur lequel les yeux cherchaient en vain des nuages : « Heureux augure du bonheur des époux !... » se disait-on.

Mais l'activité qui régnait sur la route ne pouvait pas se comparer à celle qui se déployait dans l'intérieur du château de Casin-Grandes. Maître Taillevant, et le grand Hercule Bombans, sans cesse sur leur champ de bataille, ne cessant d'aller et venir, paraissaient se multiplier.

La foule, ayant déjà envahi les cours, rendait le service très-difficile : néanmoins, la décoration magique du château ne laissait rien à désirer, et le génie du célèbre Taillevant y brillait de tout son éclat : ce n'était que festons, que guirlandes de fleurs, galantes devises, heureuses allégories, feuillages, arcs de triomphe, troupes de musiciens, symphonies, tables dressées à tous venans, comme aux noces de Gamache ; enfin, une profusion de toutes les resources de l'art *culinaire* et décorateur. Choisissez de toutes nos décorations modernes la plus belle et la plus somptueuse, et vous n'arriverez pas encore au luxe déployé par Taillevant.

Aux deux coins du portail d'entrée, deux syrènes versaient à tous les survenans, l'une du vin d'Orléans, et l'autre de l'hydromel.

La première cour se distinguait par un appareil militaire, qui consistait en une brillante cavalerie commandée par Kéfalein; il présidait à tout avec la précision d'un brigadier de gendarmerie, en mêlant toutefois aux formes militaires l'espèce de bonté résultant de cet heureux caractère qui devait lui ouvrir les portes du ciel.

La chapelle, ornée de ce que les pompes de la religion ont de plus brillant, était ouverte, et l'on admirait la multitude des cierges, les bannières, les simples festons que l'on avait suspendus entre les vieux piliers et les armes royales des Lusignans confondues avec les armes royales des descendans de S. Louis qui était la tige des comtes de Provence. On entre voyait les deux fauteuils dorés, et les coussins et le dais sous lequel les deux jeunes époux devaient s'asseoir.

Je dis, on entre voyait, car l'impitoyable Castriot défendait à tout le monde d'entrer dans cette chapelle. En effet, dès le matin, le Juif Nephtaly s'était glissé dans la cour, et l'Albanais l'avait caché dans l'enfoncement d'une vieille chapelle consacré à St.-Guy.

Mais rien n'était comparable au spectacle que présentait la seconde cour, l'affluence des seigneurs, des chevaliers bannerets et des dames ne permettant pas que tous fussent admis dans les appartemens royaux ; les dames d'Aix et des environs, étaient assises tout autour de cette vaste cour, et une multitude de seigneurs, et les compagnons d'armes du comte de Provence, se tenaient au milieu, en formant des groupes divers; les uns parlaient entre eux, les autres s'adressaient aux plus jolies d'entre les dames, et de beaux pages, de jeunes écuyers allaient et venaient, portant et recevant des ordres.

Sur les marches du bel escalier de marbre, le grand écuyer Vérynel et Jean Stoub commandaient la garde du prince, qui garnissait, le péristyle, l'escalier et la salle des gardes conjointement avec les officiers, les pages et les écuyers du comte de Provence.

Le salon rouge, le cabinet du prince et sa chambre royale, étaient inondés par l'élite du comté, les plus belles dames parées avec tout le luxe du temps, les plus grands seigneurs, tels que le comte de Foix, le comte Enguerry, et même le beau Dunois, parrain de Gaston II qui, pour le moment, se trouvait à Aix, formaient une assemblée imposante, et telle qu'il ne s'en était jamais vue de si brillante à Nicosie. Aussi, les trois ministres, les seigneurs Cypriotes, avaient-ils, malgré leur grand usage, la contenance d'un Maire de province, qui reçoit un ambassadeur et sa suite, et qui se confond en efforts pour se mettre à la hauteur du diplomate.

Le seul Jean II se trouvait au milieu de cette pompeuse cérémonie dans son élément naturel. Ce beau vieillard à cheveux blancs, vêtu simplement d'une dalmatique précieuse, portant, à son côté, l'épée du premier chef des croisés, et, sur sa tête, la couronne de Godefroi de Bouillon, avait une contenance majestueuse, il parlait avec bonté à chaque seigneur, et l'entretenait de ses exploits comme s'il eût été son compagnon d'armes; il s'adressait aux dames avec cette courtoisie calme et sans empressement qui convient aux vieillards.

Cependant, l'impatience régnait sur tous les visages, et une espèce de murmure résonna dans les cours et dans les appartemens, lorsque le beffroi de Casin-Grandes sonna dix heures du matin. Cette impatience avait un juste motif lorsqu'on apprendra que ni le chevalier Noir, c'est-à-dire Gaston II, comte de Provence, ni la belle Clotilde, n'avaient encore paru.

Le roi Jean II se fit guider par Monestan vers les comtes de Foix et Dunois, et il leur dit avec enjouement :

— Nobles chevaliers, vous semblez de concert avec le comte de Provence, et peut-être pourriez-vous nous expliquer la cause de son retard le jour de ses noces.

—Sire, lui répliqua Dunois, nous l'avons accompagné ce matin, car il est sorti du château et nous a recommandés, si nous l'aimions, de ne point nous inquiéter de sa personne ; c'est aujourd'hui qu'expire le vœu qui le force à ne point découvrir son visage, et je présume qu'il est allé remplir des devoirs sacrés à quelque autel du voisinage... Il nous expliqua même qu'il arriverait avec son écuyer à la chapelle de votre château lorsque la messe commencerait, et que les sons de la cloche suffiraient pour l'avertir.

Alors le monarque siffla son huissier qui ne parut point, Monestan eut toutes les peines du monde à trouver le docteur tapi dans un angle de la salle des gardes, et s'étant arrangé de manière à ce que personne ne le froissât et ne troublât le repos de sa petite machine.

Jean II ordonna au docteur d'aller trouver Clotilde, et de la prévenir qu'elle était attendue au salon rouge.

Clotilde venait de s'éveiller, et la fidèle nourrice aidée par Josette déployait aux yeux de la princesse les magnifiques présens que le Sénéchal du comte de Provence avait apportés dès l'aurore.

La jeune fiancée contemplait d'un air triste et distrait, les vêtemens somptueux qu'un marié donne ordinairement à sa prétendue ; et qui, dans le temps où vivait Clotilde, étaient de nature à durer toute la vie. La robe de mariage, d'une étoffe précieuse, figurait, sur le devant, les armes des deux époux selon l'usage et la mode de cette époque ; le voile précieux annonçait par sa richesse une production orientale ; un collier de perles, des anneaux, des pierres précieuses, complétaient une parure digne d'un reine.

Clotilde se laissait habiller, sans dire un seul mot, elle ne donnait aucune attention à la manière dont ses cheveux étaient disposés et dont ses vêtemens s'arrangeaient sous les doigts légers de Josette et de sa nourrice. Elle ne regardait qu'une chose, et elle la regardait avec une expression remarquable : on y lisait l'amour, les regrets et le souvenir de la volupté, qui renferme un sentiment tout à la fois pénible et gracieux : cette chose unique, était la table du festin de la nuit et le siége occupé par Nephtaly, la lyre, les débris des mets, les roses effeuillées, sa couronne de fleurs, et l'ensemble de toutes ces ruines d'amour.

A l'approche de la mort, les pensées deviennent solennelles et la jeune fille ne pouvait s'empêcher de réfléchir profondément; son âme, en proie aux souvenirs du moment enchanteur qu'elle avait passé avec Nephtaly, n'hésitait pas à consommer le sacrifice qu'elle avait promis, mais elle se perdait dans un labyrinthe de pensées confuses, qu'elle ne pouvait pas renvoyer de son cœur.

Lorsque Trousse parvint à elle, il fut étonné de la pâleur de la princesse, qu'il trouva assise sur le siége qu'avait occupé l'Israélite; elle tenait un poignard entre ses mains, et le regardait fixement : une larme roulait sur ses joues ; Marie et Josette, interdites, debout et stupéfaites, contemplaient leur maîtresse adorée dans le plus grand silence.

—C'est moi, madame, s'écria le docteur, je viens par ordre de monseigneur, vous prier de vous rendre au salon où vous êtes attendue; dix heures sont sonnées; la chapelle est prête; monseigneur l'évêque est en habits pontificaux... Mais j'ai bien peur que la cérémonie n'ait pas lieu, votre pâleur annonce une forte indisposition... vous pensez beaucoup trop!... et, je prévois que vous aurez besoin de mon secours, car vos nerfs.....

Le docteur s'arrêta, Clotilde avait tourné la tête vers lui, et comme elle présenta la pointe du poignard au nez du médecin, on conçoit que ce mouvement était plus que suffisant pour glacer la langue de Trousse.

—Je vous suis, maître Trousse, dit la princesse.

Le docteur interdit s'en alla lentement, et rassembla toutes les forces de son entendement pour s'expliquer à lui même l'état de la princesse; mais voyant que cette méditation tendait trop fortement son intelligence, il s'écria : «Qu'est-ce que cela me fait !... » et il rentra dans la salle des gardes.

Clotilde embrassa Marie et Josette pour la dernière fois ; elle toucha tout ce qui avait appartenu au Juif ; baisa son luth ; parcourut de la main les étoffes précieuses qui paraient sa chambre ; elle s'en fut regarder une dernière fois la rocaille de la Coquette, et, trouvant sur la fenêtre un dernier bouquet, elle en orna son sein... puis, jetant un dernier coup d'œil sur cet ensemble qui fesait tant palpiter son cœur, elle dit adieu à la vie, cacha son poignard dans son sein et s'achemina vers le salon, en tâchant de déguiser, par un air riant, la douleur profonde qu'elle enfermait dans son âme.

Aussitôt qu'elle parut dans les appartemens royaux, il y eut un instant de silence, et chacun contempla la beauté de cette charmante princesse. Elle fut se mettre à côté de son vieux père, et sourit à tous ceux qui la regardaient avec cette affabilité, cette grâce qui doublaient ses charmes; néanmoins l'expression de la souffrance triomphait sur son visage, et elle fut remarquée par tout le monde.

Après s'être montrée dans tous les appartemens, elle demanda à son père la permission de se rendre à son oratoire de la chapelle, pour se recueillir, ajoutant qu'au bout d'une demi-heure, et lorsque le beffroi sonnerait onze heures, on pouvait commencer la cérémonie; Jean II y consentit et serra la main de sa fille de manière à lui faire comprendre qu'il compâtissait à sa peine.

Clotilde suivie de Marie, de Josette, de Jean Stoub et de l'évêque en habits pontificaux, traversa la cour de Hugues au milieu de la foule qui se pressa sur son passage; elle entra dans le temple avec Marie et l'évêque; ce dernier se rendit à son oratoire, et Castriot conduisit Clotilde et la nourrice vers la chapelle de St.-Guy, où depuis long-temps le Juif attendait sa maîtresse avec une anxiété sans égale. L'Albanais confia la garde de la chapelle à Jean Stoub, et resta avec la nourrice contre un des piliers de l'autel de St.-Guy.

Clotilde, se précipitant dans les bras de son cher Israélite, y donna un libre cours aux larmes qu'elle retenait, et la voûte sacrée retentit de leurs baisers de flamme, de ces derniers baisers avant-coureurs de la mort; ils se tinrent long-temps embrassés et sans pouvoir dire une seule parole.

Le Juif, le premier, s'écria : « Ah Clotilde ! tes larmes me disent assez que tu n'auras pas la force de mourir... Est-ce à toi, jeune et belle, de porter le joug que nous impose ma naissance impure ?... non ; non, moi seul dois périr... »

Pour toute réponse, Clotilde tira de son sein le poignard qu'elle y avait placé et le montra au Juif étonné.

Des larmes de joie s'échappèrent des yeux de Nephtaly, et il cueillit un doux baiser que ne lui rendit pas Clotilde.

— O ma bienfaitrice, s'écria Castriot en s'approchant, que craignez-vous et pourquoi cette arme cruelle ? n'ai-je pas levé tous les obstacles ? attendez et dans peu le bruit de la mort du comte de

Provence va vous dégager de vos sermens.

— Castriot, dit la princesse, le comte de Provence n'est pas mort, et Dunois l'a conduit ce matin au prieuré de Ste. Marie.

L'Albanais resta stupéfait.

L'Israélite ne cessait de contempler sa pâle maîtresse dont les yeux se confondaient avec les siens par des regards pleins de langueur.

— Nephtaly, dit-elle, viens que je te conduise au sombre pilier où je veux que tu sois.

Elle saisit la main du beau Juif et l'entraîne vers une énorme colonne qui se trouvait auprès de la sacristie : en cet endroit, les voûtes étaient obscures, les vitraux extrêmement bruns, et Nephtaly enveloppé d'un grand manteau pouvait s'y cacher facilement.

Ils s'acheminent lentement en se tenant par la main et s'enivrant par les derniers regards qu'ils crurent jeter dans cette vie.... Nephtaly est auprès du pilier..... Clotilde le place; et, là, rassemblant toutes les forces de leurs âmes, ils se donnent le dernier baiser de l'amour : ils dévorent leurs lèvres de grenade, ils semblent s'emparer de leur souffle, et un frisson glacial les parcourt en pensant que c'est leur dernière caresse... Clotilde attérée par la volupté, s'arrache des bras de son bien-aimé, elle regagne à pas lents le coussin et le fauteuil qui lui sont destinés, mais elle retourne maintes et maintes fois la tête pour regarder l'Israélite...... Quand elle est agenouillée devant l'autel, elle voit Nephtaly tirer son poignard, le fer brille.... elle ferme l'œil... Un bruit cruel vient frapper confusément son oreille.... ce bruit annonce une chute... elle croit entendre une douce voix crier faiblement : « Clotilde !... » Ses sens s'émoussent.... un froid perçant arrête son sang; un nuage épaissit sa vue, le nuage flotte, hésite, se fixe bientôt sur ses yeux mourans et elle tombe évanouie.........

....

Castriot et Marie, sans s'inquiéter du bruit qui vient de retentir dans le temple et qui ressemblait assez au bruit d'une porte qui se ferme, s'empressent de faire revenir la princesse. Lorsqu'elle commence à respirer, onze heures retentissent; Castriot et Marie ne voient que Clotilde; mais dans ce moment l'évêque, suivi de l'abbé Simon et de ses acolytes, s'avance à l'autel; les portes de la chapelle s'ouvrent; Jean II, guidé par Monestan, arrive avec la foule des seigneurs; les cloches sonnent avec force et l'on aperçoit par les portes du temple, une multitude curieuse qui suit le cortège, envahit les cours et se prosterne en entendant le chant des prêtres qui annonce le commencement de la cérémonie. Le comte de Foix fut long-temps inquiet en ne voyant pas Gaston II.

Mais enfin, le comte de Provence ne tarda pas à paraître, suivi d'un seul écuyer. Il portait encore son armure noire, son casque noir et sa visière baissée ; il prit sa place à côté de Clotilde, qui pâle, stupéfaite, n'apercevant rien qu'à travers un nuage, ne regarda même pas son fiancé.

Un songe n'est pas plus fugitif et plus rapide que tous ces mouvemens ne l'étaient pour la pauvre Clotilde : elle rêve...... elle écoute le chant monotone de la liturgie sans la comprendre, elle voit fumer l'encens sans le voir, elle entend le léger bruit de l'assemblée sans y être, et elle regarde son père avec les yeux de la stupeur ; enfin, elle rêve!...

Tous les personnages sont réunis, et chacun, les yeux fixés sur ce couple charmant, attend le moment de leur union avec une impatience bien naturelle.

Après un laps de temps, dont la princesse n'eut aucune idée, l'évêque s'avance, prend la main glacée de Clotilde, la joint à celle du prince... Alors, la jeune fille revenant à la vie, et tirée de son sommeil par ce mouvement, dirige le poignard dans son sein . . . .

. . . .

CONCLUSION.

A L'INSTANT où Clotilde saisit son poignard, l'écuyer du prince Gaston l'arrêta, et la princesse étonnée reconnut en la personne de cet écuyer, le beau chevrier, le jeune Raoul.

Le comte de Provence jette précipitamment son casque, il se tourne vers Clotilde et s'écrie :

— *Enfin je suis aimé !.....*

La jeune princesse s'évanouit à ce mot. L'organe enchanteur du prince, n'étant plus déguisé par le creux ménagé dans sa visière, résonna comme celui de Nephtaly; les boucles de ses cheveux noirs s'échappant de dessous son casque, vinrent effleurer le col de la jeune fille... et quand Clotilde revint à elle, elle put admirer la noble tête de son bien-aimé, dans celle de son époux!...

— Vous fûtes bien cruel!..... s'écria-t-elle, après l'avoir regardé long-temps.

— C'est à vous de me punir, répondit le prince.

— Je le devrais! mais, le puis-je?

La messe était finie, en deux mots Clotilde mit son père au fait de cet événement extraordinaire, dont le récit vola de bouche en bouche.

Le bonheur de Clotilde fut trop fort pour qu'elle pût y résister. Elle se vit obligée de rester à la chapelle, assise sur son fauteuil : alors seulement, elle remarqua que le prince Gaston portait l'écharpe brodée pour Nephtaly, et qu'au bout d'une chaîne d'or qu'il avait au col, pendait le gland qui s'était détaché de la tunique de Clotilde à la colline des Amans.

Le peuple et la foule faisaient retentir l'air d'acclamations; Castriot, muet et immobile, contemplait en silence le visage rayonnant de sa bienfaitrice; Josette, pressant la main de Jean Stoub, jugeait par elle-même combien sa maîtresse serait heureuse ; la nourrice pleurait de joie ; Bombans survenant et apprenant cet événement, s'écriait : « Je l'avais bien dit !... » Trousse se demandait : « Que m'en reviendra-t-il ?... » Et à quelques pas de là, le bon roi Jean II, entouré de Dunois et de sa cour, écoutait le récit que le comte de Foix faisait de l'adresse que le prince Gaston avait mise pour remplir le double personnage du Juif et du chevalier Noir (1), et comment, au tournoi, ce fut Raoul de Crécy,

---

(1) Je crois qu'il est fort inutile, en ce

écuyer du prince, qui remplissait le rôle difficile du chevalier à la devise.

Il blâma beaucoup, ainsi que

---

moment, d'expliquer, selon l'usage des romanciers, les secrets du comte Gaston, pour avoir pu se trouver sur la rocaille en sortant du château de Casin-Grandes, etc. Ceux qui voudront se convaincre qu'il n'y a aucune impossibilité dans l'entreprise du méfiant comte de Provence, peuvent relire les passages qui leur paraîtront les plus merveilleux sous ce rapport, et leurs doutes seront levés.

Au surplus, cette aventure, toute romanesque qu'elle semblera, a un fait historique pour appui, et les manuscrits des Camaldules ne sont pas des chimères.

On peut consulter à cet égard le 37e. volume, marqué J. J., des manuscrits

Dunois, la folie de Gaston, en convenant toutefois que la fragilité et les perfidies du beau sexe pouvaient lui servir d'excuse.

Bientôt la princesse fut assez bien remise, et toute la cour retourna dans les appartemens du roi de Chypre.

Je pense que je puis me dispenser de raconter les fêtes qui remplirent cette célèbre journée : qu'il

---

de la bibliothèque de Marseille. — Ils y ont été déposés par M. le marquis de Stoubière.

Enfin, que les lecteurs fassent aller cet ouvrage à une quatrième édition, et je leur promets des détails à la cinquième.

(*Note de l'Éditeur.*)

suffise de savoir que le grand Taillevant avait dressé les tables du festin dans le parc, et que c'est à cette occasion qu'il inventa le fameux entremets des noces de Thétis et de Pelée, drame qui l'a rendu célèbre dans toute la chrétienté.

C'est pour cette fête qu'il composa son nouveau plat, nommé *la nuptialine*.

Les grâces, la décence, les vertus et l'amour accompagnèrent Clotilde au lit nuptial; la nuit fut le seul témoin du dernier hymen des amans, et le prince amoureux reposa sa tête sur un sein qui ne battait que pour lui.

Le lendemain, l'on abandonna

Casin-Grandes, en le commettant à la garde d'Hercule Bombans, de Jean Stoub son gendre, et de Josette.

Les deux époux, le roi Jean II et toute sa cour firent leur entrée solennelle à Aix; les rues étaient tendues de tapisseries, et tout le peuple sur pied.

Le roi de Chypre y séjourna quelque temps, et bientôt il partit de Marseille avec une escadre et des troupes destinées à reconquérir son royaume.

En quittant les bords hospitaliers de la Provence, le bon Monestau remercia l'Eternel; Kéfalein ne dit mot, et l'évêque s'écria : «Nous nous compléterons en route!.. » Ce qui signifie sans doute que l'armée ne montait pas à trente mille hommes.

Trousse ne voulut pas se hasarder dans cette navigation périlleuse, et il resta en Provence.

C'est ici que je dois m'arrêter.

Cependant je sens que mes lecteurs ne seraient pas satisfaits si je ne leur donnais pas des détails sur les divers personnages de cette véridique histoire.

Le docteur Trousse ne voulut point faire d'enfans, pour ne pas altérer sa santé, et nous devons annoncer qu'il mourut à l'âge de cent quatre ans; sa mort fut la suite d'une chute, c'est ce qui lui fit dire avec l'accent du désespoir : « Quel malheur d'être arrêté au milieu de sa carrière!... »

Castriot resta près de sa bienfaitrice, et le comte de Foix lui rendit le sabre qu'il avait laissé sur le lit du comte Gaston, de manière qu'il put toujours faire à ce sabre chéri sa caresse habituelle. L'Albanais avait conçu pour Marie une haute estime, à compter du jour qu'il lui vit déchirer le Mécréant, et un beau jour il épousa la nourrice de Clotilde. — Je dirai avec plaisir que la bravoure de Castriot fut héréditaire dans sa famille, et qu'il existe à Aix un sergent de la vieille garde, nommé Castriot, qui ressemble en tout à son célèbre aïeul, et qui fait avec orgueil à son sabre la caresse que notre Castriot faisait au sien; mais le Castriot vivant, en même temps qu'il caresse son sabre, frise sa moustache, chose que ne faisait pas son ancêtre.

Josette laissa une nombreuse postérité, et la famille de Bombans dure encore, grâce à la circonspection qui la distingue.

Bombans vécut riche et partant honoré, car il acheta, sur la fin de ses jours, le marquisat de Casin-Grandes.

C'est M. le marquis de Stoubière à qui je suis redevable des manuscrits précieux où j'ai puisé cette intéressante histoire, et la ville de Marseille le compte aujourd'hui comme un de ses meilleurs citoyens.

Il descend en ligne directe de

Jean Stoub; et, pour ne pas l'oublier, il porte dans ses armes cette branche de cyprès qui distinguait les soldats du Mécréant; il possède dans son parc la colline des Amans, et il y a un banc de pierre à la place où son aïeule Josette agita son mouchoir.

Je me suis assis sur ce banc, et, c'est de cette place, que j'ai décrit le paysage que l'on a remarqué au commencement de cet ouvrage; j'ai vu la Coquette et la place où fut Casin-Grandes, *campos ubi Troja fuit!...*

Les antiquaires, les littérateurs et les savans savent tous ce que devint Taillevant, l'écrivain le plus distingué de la cuisine française; il fut le premier cuisinier de Charles VII, et s'il revenait de nos jours, il serait digne de faire le dîner d'un ministre, la veille de l'ouverture d'une session ou du vote d'une loi d'élections.

Monestan mourut d'un coup de froid qu'il gagna dans une église, et Jean II reçut le dernier soupir de ce fidèle ministre, dont le dernier mot fut : « O mon Dieu ! pardonnez-moi.... et protégez les jours du roi!... »

Kéfalein et Vol-au-vent périrent ensemble dans une charge de cavalerie, ce fut la première et la dernière fois qu'il tomba de cheval...

Vol-au-vent fut enterré avec son

maître. Le bon connétable avait souvent manifesté ce désir.

Hilarion devint cardinal, et c'est lui qui dirigea les armées du pape. Il mourut dans un âge avancé, au moment où il avait amené les armées du Saint-Père à ce nombre si souvent désiré de trente mille hommes. Ce succès adoucit l'amertume de son dernier soupir, et même en expirant il invoqua le secours de *la milice céleste*.

Pour ce qui est de Jean II, du prince Gaston, et de Clotilde, on peut consulter l'histoire, car je ne veux pas empiéter sur le domaine de Clio.

NOTES

DES Ier., IIe., IIIe. et IVe. VOLUMES.

NOTE PREMIÈRE.

Je dois donner des renseignemens exacts sur les héros et les faits historiques qui forment la base de cet ouvrage, car bien des personnes pourraient croire qu'ils sont imaginaires ou crayonnés à dessein pour représenter des personnages du temps présent.

Le roi Jean II est effectivement le dernier des rois de Chypre et de Jérusalem, l'*augustule* des empires créés par les croisades. Voici l'époque de la fondation du royaume de Chypre.

Lorsque la grande croisade, suscitée par Richard-Cœur-de-Lion et Philippe-Auguste, eut lieu, le trône de Jérusalem, fondé par Godefroi-de-Bouillon, était vacant. Deux compétiteurs se présentaient. L'un, Guy-de-Lusignan, comte d'Ascalon et de Joppé, se prétendait roi par Sybille de Montferrat, sœur de Baudoin IV. L'autre était Henri, comte de Champagne, qui avait épousé Isabelle, deuxième fille d'Amaury Ier., un des premiers rois de la Terre-Sainte.

Ce dernier l'emporta. Mais Richard-Cœur-de-Lion, qui soutenait Guy-de-Lusignan, le couronna roi de Chypre, après avoir tué Isaac Comnène, dernier roi latin de cette île. Quelques auteurs prétendent que Richard-Cœur-de-Lion vendit cette couronne. Je laisse à deviner quelle est la véritable version.

Ainsi, Guy-de-Lusignan fut, en 1192,

le premier roi de Chypre. Voici la liste de tous les rois qui réunirent souvent le trône de la Judée à celui de la Chypre :

Amaury, 1194.

Hugues, 1205.

Henri Ier., 1219.

Hugues II, 1253.

Hugues-le-Grand, 1267.

Jean Ier., 1284.

Henri II, 1285.

Hugues IV, 1324.

Petrin, 1369.

Jacques, 1382.

Janus, 1398.

Auquel notre roi Jean II succéda en 1432.

Ce fut en 1439 que les Vénitiens firent la conquête de la Chypre, sous le doge Foscari. On ne sait où se réfugia le roi Jean II, qui, alors, n'avait plus pour héritier qu'une fille.

En 1458, Charlotte et Louis de Savoie furent reconnus, en Europe seulement, rois de Chypre, car en 1459 le soudan d'Égypte s'en empara.

Mais en 1464 Jacques II fut rétabli. Ce Jacques II était la postérité de la fille de Jean II.

En 1473, Jacques III lui succéda, et en 1489, les Vénitiens rentrèrent dans la possession de l'île de Chypre, qui ne tarda pas à leur être enlevée par les Turcs.

Tel est le sommaire de l'histoire cypriote, à laquelle il ne manque qu'un habile historien pour la rendre intéressante. On y trouverait, comme dans toutes les histoires du monde, le jeu des passions humaines, des traits de courage, des actions infâmes, et toutes les richesses de la politique, déployées pour la possession de l'île de Chypre, comme pour celle de la France.

Le caractère du roi Jean II n'est point une fantaisie; d'après les recherches que j'ai faites dans les historiens qui parlent de lui, il était à peu près ce que je l'ai peint.

Le connétable Kéfalein n'est pas nommé dans les historiens, mais il paraît que ce fut par l'impéritie d'un général que la Chypre fut conquise. — Du reste, si quelque critique prétendait que les caractères de Monestan, de l'évêque et de Kéfalein sont forcés, je consigne ici l'aveu que notre siècle en offre les originaux.

Celui de Michel l'Ange est le portrait exact d'un ministre des sourdes vengeances d'un prince qui s'est rendu célèbre dans nos annales, Charles-le-Mauvais.

NOTE DEUXIÈME.

Gaston II, dont les historiens ne parlent pas, car sa vie fut courte et remplie d'exploits chevaleresques, était le fruit du premier mariage de René-le-Bon, comte de Provence.

Cette première femme mourut en mettant au monde Gaston, qui périt lui-même à 23 ans.

Aussi René-le-Bon se remaria-t-il en secondes noces à l'héritière de la Lorraine. On l'appelait le roi René, parce qu'il fut roi de Naples jusqu'en 1443, qu'il fut chassé de son royaume.

Son second fils, auquel il céda ses droits sur Naples, mourut, et ce fut son neveu qui lui succéda, comme comte de Provence, en 1472. — Ce dernier institua Louis XI son héritier. Ce fut alors que la Provence fut irrévocablement réunie à la couronne.

C'est Gaston II, ce premier fils de René-le-Bon, dont il s'agit dans cette aventure.

Note troisième.

Le Capeluche dont il est question dans cet ouvrage, est le fils du bourreau Capeluche, dont le nom est célèbre dans les querelles des Armagnacs et des Bourguignons.

FIN.

Contraste insuffisant

NF Z 43-120-14

www.ingramcontent.com/pod-product-compliance
Lightning Source LLC
LaVergne TN
LVHW010543110826
845149LV00003B/549